www.tredition.de

AF185221

Nadja I. Wieczorek

Universitäre Arbeiten

Psychologie
Pädagogik/Erziehungswissenschaften

www.tredition.de

© 2019 Nadja I. Wieczorek

Umschlaggestaltung: Nadja I. Wieczorek
Umschlagbilder: Vorderseite: A cat sits on the therapist's couch © cartoon-
resource #48986556 – Fotolia.com
Rückseite: © Nadja I. Wieczorek
Verlag und Druck: tredition GmbH, Halenreie 40-44, 22359 Hamburg

ISBN
Paperback: 978-3-7482-8860-2
Hardcover: 978-3-7482-8861-9
e-Book: 978-3-7482-8862-6

Bibliografische Information der Deutschen Nationalbibliothek: Die Deutsche
Nationalbibliothek verzeichnet diese Publikation in der Deutschen National-
bibliografie; detaillierte bibliografische Daten sind im Internet über
http://dnb.d-nb.de abrufbar.

Inhalt

Psychoanalyse und Abwehrmechanismen

Vorwort

In der vorliegenden Seminararbeit beschäftige ich mich mit einem speziellen Gebiet der Neurosenlehre, den Abwehrmechanismen. Ich behandle dieses Thema, da diese Vorgänge im alltäglichen Leben gut beobachtbar sind. Nachdem ich meine Interaktionspartner intensiv beobachte und ihr Handeln wie ihre Reaktionen psychologisch zu deuten versuche, beschäftigt mich das Thema Abwehrmechanismen besonders.

In meiner Arbeit vergleiche ich zwei Autoren – Otto Fenichel und Wolfgang Loch – bezüglich ihrer Ausführungen zu Abwehrmechanismen. Dazu fasse ich unter Punkt 1 die Aussagen Fenichels zusammen und stelle im 2. Kapitel dar, inwiefern sich Lochs Ausführungen davon unterscheiden. Zum Abschluss führe ich ein Fallbeispiel zum behandelten Thema an.

1 Die Abwehrmechanismen bei Otto Fenichel

(vgl. FENICHEL 1974, S. 201-238)

Fenichel beschreibt die Abwehrmechanismen im 1. Band seiner psychoanalytischen Neurosenlehre. Zuallererst unterscheidet er zwischen einer erfolgreichen und einer erfolglosen Abwehr. Die pathogene Abwehr, die bei Neurosen auftritt, gehört zur erfolglosen Abwehr. Hier können Triebregungen keine Abfuhr finden. So bleibt im Unbewussten eine Spannung bestehen. Dauert diese Spannung länger an, können die gesamten Umstände zu einem Ausbruch führen. Ist die Abwehr pathogener Art, ruft sie beim Betroffenen verkrampftes Verhalten hervor, wiederholt sich immer wieder, erlaubt nie eine vollständige Entspannung und verursacht Ermüdungserscheinungen. In Folge werden die Abwehrmechanismen detailliert beschrieben.

1.1 Sublimierung

Der Begriff Sublimierung bezeichnet keinen spezifischen Mechanismus, sondern charakterisiert unterschiedliche erfolgreiche Abwehrmechanismen, z.b. den Wechsel von Passivität zu Aktivität. Allgemein kann gesagt werden, dass hier unter dem Einfluss des Ich Triebziel oder -objekt verändert werden, ohne eine adäquate Abfuhr zu blockieren. Sublimierte Triebregungen gelangen an die Oberfläche, während dies mit den anderen Triebregungen nicht geschieht. Die ursprüngliche Triebregung verschwindet. Somit wird freies Handeln ermöglicht. Es kommt zu einer Desexualisierung, wodurch die Befriedigung des Ich nicht länger offensichtlich triebhaft ist.

Das Objekt der Sublimierung sind prägenitale Bestrebungen. Wurden diese verdrängt, bleiben sie im Unbewussten und können nicht sublimiert werden.

Die Sublimierung ist durch Zielgehemmtheit, Desexualisierung, eine vollständige Absorbierung eines Triebes durch seine Folgewirkungen und eine Veränderung innerhalb des Ich gekennzeichnet. Sie hängt nach Sigmund Freud sehr eng mit der Identifizierung im Kindesalter zusammen. Sie kann infantile destruktive Impulse bekämpfen und auflösen.

1.2 Pathogene Abwehr

Im Weiteren setzt sich der Autor mit der pathogenen Abwehr auseinander. Das Verhalten bei auftretenden Konflikten entscheidet darüber, ob sie normal oder pathologisch verlaufen. Jene Triebanteile, die in der Kindheit mit Abwehrhaltungen zusammenstießen, sind von der Möglichkeit einer Abfuhr laut Fenichel ausgeschlossen. Die abgewehrten Triebe üben Druck aus. Nachdem sie nicht direkt abgelassen werden können, nehmen sie jede Gelegenheit zu indirekter Abfuhr wahr und verschieben ihre Energie auf Triebregungen, die assoziativ mit ihnen verknüpft wird (Abkömmling). Fenichel meint, alle pathogenen Abwehrhaltungen und Psychoneurosen würden in der Kindheit wurzeln.

1.2.1 Verleugnung

Die Realität wird verleugnet, wenn sie unangenehm erscheint oder schmerzhafte innere Wahrnehmungen auftreten. Als Beispiel bringt Fenichel u.a. die
Aussage eines Patienten, der über eine Person in einem seiner Träume sagt:
*„Ich weiß nicht, wen die Person in meinem Traum darstellt; gewiß handelt es
sich nicht um meine Mutter"* (S. 207). Das bedeutet, dass der Patient spürt, dass
die Person seine Mutter ist, ist aber noch in der Lage, das zu verleugnen.

Solange das Ich schwach ist, behält es seine Tendenz, zu verleugnen. Nur im
Falle schwerer Funktionsstörungen der Realitätsprüfung (Psychosen) behalten
ernsthafte und wichtige Verleugnungen bei Erwachsenen die Oberhand. Neurotiker weisen die Eigenschaft auf, dass das Ich in einen Oberflächenteil, der
die Wahrheit kennt, und einen tieferen Teil, der sie verleugnet, gespalten ist.
Obwohl sie die Wahrheit kennen, handeln sie eventuell als existiere sie nicht.

Das Ich sucht oft nach Ersatzvorstellungen, den Deckerlebnissen. Dabei durch-
sucht es seinen Vorrat an Erinnerungen und Bildern, die es seinem Bewusstsein
als Ersatz anbieten kann. Beim sogenannten Dèja-vu-Erlebnis ist eine Verdrängung bereits abgeschlossen und das Ich will nicht an das Verdrängte erinnert
werden.

1.2.2 Projektion

Projektion ist ein Abkömmling der ersten Verneinung und beinhaltet das Be-
streben, eine Distanz zwischen sich und dem betreffenden Objekt zu schaffen.
Sie ist ein wesentlicher Teil der frühen Entwicklungsstufe des Ich, wo alles Lust-
volle als zum Ich gehörig erfahren wird. Alles Schmerzhafte wird als Nicht-Ich
erfahren. Solange die Trennungslinie zwischen Ich und Nicht-Ich noch nicht
scharf gezogen ist, können die Mechanismen des Lust-Ichs zur Abwehr durch
das Ich eingesetzt werden. Anstößige Triebregungen werden dann an anderen
anstatt an einem selbst wahrgenommen.

Führt die Entwicklung der Libido zu einer Überbesetzung der Ausscheidungs-
funktionen, können diese als physisches Modell der Projektion dienen. Am
stärksten ist sie bei der Paranoia ausgebildet.

1.2.3 Introjektion

Sie dient der Triebbefriedigung. Sie ist der Prototyp einer Wiedererlangung der Allmacht beim Kind, die zuvor auf die Erwachsenen projiziert wurde. Es findet eine Einverleibung statt.

1.2.4 Verdrängung

Die Verdrängung besteht aus einem unbewussten absichtlichen Vergessen oder einem Nichtbewusstwerden innerer Bestrebungen oder äußerer Ereignisse, die mögliche Versuchungen oder Bestrafungen für oder bloße Anspielungen auf verbotene Triebansprüche darstellen. In der eigentlichen Verdrängung bleibt das Verdrängte aus dem Unbewussten heraus wirksam.

Konflikte entstehen, wenn neue Erfahrungen auftreten, die mit dem zusammenhängen, was zuvor verdrängt wurde. Dann bildet sich eine Tendenz dazu, das neue Ereignis als Gelegenheit zum Ausbruch zu verwenden. Das Verdrängte tendiert dazu, seine Energie auf das Ereignis zu verschieben und in einen Abkömmling zu verwandeln. Gelegentlich ist dieser Vorgang erfolgreich.

Die Verdrängung ist der Hauptmechanismus der Hysterie. Sie drückt eine Haltung aus, bei der das verpönte Ding behandelt wird, als ob es nicht da wäre.

Das Motiv der Verdrängung ist, das Verdrängte vom Zugang der Motilität fernzuhalten. Verdrängung wird nicht ein für allemal geleistet, sondern verlangt eine ständige Verausgabung von Energie, um die Verdrängung aufrechtzuerhalten, während das Verdrängte ständig versucht, einen Ausweg zu finden.

1.2.5 Reaktionsbildung

Reaktionsbildung scheint die Folge und Absicherung einer bereits hergestellten Verdrängung zu sein. In ihr tritt die Gegenbesetzung manifest auf und ruft eine definitive Veränderung der Persönlichkeit hervor. Die Person nimmt eine Haltung ein, die der ursprünglichen genau entgegengesetzt ist. So empfindet der Betroffene, dass die Gefahr ständig vorhanden ist (Zwangsneurotiker).

1.2.6 Ungeschehenmachen

Es wird etwas realiter durchgeführt, was tatsächlich oder nur magisch das Gegenteil von etwas anderem ist, das vorher wirklich oder in der Einbildung vollzogen wurde. Die zweite Handlung stellt eine genaue Umkehrung der ersten dar (Zwangsneurose), als müsste die erste Tat ungeschehen gemacht werden. Dies funktioniert nach dem Prinzip Schuld und Sühne.

1.2.7 Isolierung

Hier tritt eine Gegenbesetzung auf. Die Wirksamkeit besteht darin, dass voneinander getrennt gehalten wird, was in Wirklichkeit zusammengehört (z.B. zeitliche oder räumliche Abstände). Somit wird eine Handlung von der Möglichkeit getrennt, auf eine andere einzuwirken.

In unserer Kultur ist eine häufig auftretende Isolierung die Trennung der sinnlichen und zärtlichen Komponenten der Sexualität. Das ist eine Folge der Verdrängung des Ödipuskomplexes. Bei der Hassliebe werden in der Phantasie die beiden widersprechenden Gefühle gespalten und auf zwei verschiedene Personen aufgeteilt.

1.2.8 Regression

Wenn der Mensch eine Versagung erlebt, sehnt er sich meist nach früheren Lebenszeiten, in denen er lustvollere Erfahrungen machen konnte, und nach früheren Formen der Befriedigung, die vollständiger waren. Bei der Regression verhält sich das Ich passiver als bei anderen Mechanismen. Sie scheint durch Triebe in Gang gebracht zu werden. Voraussetzung ist eine schwache Organisation des Ich.

a) **Regression von erwachsenen Formen der Sexualität auf infantile:** kann auftreten, wenn die Person von der erwachsenen Sexualität enttäuscht wurde oder sich von ihr bedroht fühlt.

b) **Regression zum Primärnarzissmus:** Regression auf das Entwicklungsstadium vor der Differenzierung von Ich und Es. Es handelt sich dabei um eine Blockierung des Ich.

1.3 Affektabwehr

Nach Beschreibung der Abwehrmechanismen, die gegen Triebe gerichtet sind, beschreibt Fenichel die Affekte und deren Abwehr. Demnach ist jede Abwehr eine Abwehr von Affekten, deren Motiv ist, schmerzhafte Empfindungen zu vermeiden. Es gibt auch eine Abwehr, die nicht gegen Triebe gerichtet ist, und die hier beschrieben wird.

1.3.1 Blockierung (Verdrängung) von Affekten

Die blockierten unbewussten Affektdispositionen entwickeln Abkömmlinge, stellen sich in Träumen dar und zeigen sich in Symptomen und anderen Ersatzbildungen. Sie verraten sich in einer allgemeinen Schwäche, die durch einen immensen Verbrauch von Energie verursacht ist.

1.3.2 Aufschub von Affekten

Es kann eine zeitliche Verschiebung auftreten, die verursacht, dass der Motivationszusammenhang nicht erkannt wird. Diese Abwehr wird häufig bei Wut und Kummer angewandt. In gefährlichen Situationen kann ein Aufschub von Angstgefühlen Leben retten.

1.3.3 Affektverschiebung

Der Affekt, der in der Beziehung zu einem bestimmten Objekt unterdrückt wurde, bricht gegenüber einem anderen aus. Dies ist von Tierphobien bekannt.

1.3.4 Affektäquivalente

Eine Abwehr ist erfolgreicher, wenn sich jemand bei der Art seiner Gefühle irren kann. Die psychische Bedeutung der Abwehrinnervationen bleibt unbewusst. So entstehen die Affektäquivalente. Patienten klagen oft während der Analyse über Veränderungen ihrer Körperempfindungen, ohne deren psychische Bedeutung zu erkennen. Bevor sie die Affekte voll erleben können, müssen sie zu den Affektäquivalenten finden.

1.3.5 Reaktionsbildungen gegen Affekte

a) **Verleugnung:** Festhalten an der entgegengesetzten Gefühlshaltung
b) **Frechheit:** Abwehr von Schuldgefühlen
c) **Mut:** Abwehr von Angst
d) **Scham und Ekel:** Sexualabwehr
e) **Projektion** der Affekte nach außen
f) **Introjektion** des Objekts
g) **Isolierung** von Schuldgefühlen (bei Zwangsneurotikern)
h) **Regression:** Abwehr von Schuldgefühlen (beim moralischen Masochismus)

2 Die Abwehrmechanismen bei Wolfgang Loch – ein Vergleich

(vgl. LOCH 1971, S. 38-49)

Im Gegensatz zu Fenichel schenkt Wolfgang Loch den Abwehrmechanismen nicht so viel Aufmerksamkeit. Er geht neben allgemeinen Erklärungen speziell nur auf den Mechanismus der Verdrängung ein. Das Kapitel wird kurzgehalten.

2.1 Definition

Zuerst definiert Loch die Abwehrmechanismen allgemein: *„Unter Abwehrmechanismen im engeren Sinne verstehen wir in der psychoanalytischen Theorie solche unbewußten, übrigens dem Ich zugeschriebenen, Vorgänge, die mit Gegenbesetzungen, d.h. mit „Motiven", die den „Widerstand gegen die Realisierung der unbewußten Strebungen" aufrechterhalten wollen"…, arbeiten"* (S. 39). Hier ist erkennbar, dass Loch dazu tendiert, sich komplizierter zu formulieren als Fenichel. Dadurch wird Loch für den Laien evtl. weniger leicht verständlich.

Loch erwähnt Verdrängung, Verleugnung, Isolierung, Reaktionsbildung, Projektion, Introjektion und Ungeschehenmachen, geht aber nur auf den Mechanismus der Verdrängung näher ein. Einen Abwehrmechanismus bezeichnet er als komplexen dynamisch-kognitiven Prozess.

Der psychische Akt muss verschiedene Aufgaben lösen: die aus dem Es stammenden, die von der Außenwelt kommenden, die dem Über-Ich aufgegebenen und die vom Wiederholungszwang diktierten. Wie Fenichel erwähnt Loch, dass Gegenbesetzungen auch bei Phobien auftreten würden, die in Stellvertretung für das primär angstauslösende Objekt gebildet wurden. Gegenbesetzungen zeigen sich bei Hysterikern durch übermäßige Schreckhaftigkeit und Wachsamkeit. Zu den einzelnen Bereichen führt der Autor praktische Beispiele an.

2.2 Verdrängung

Loch widmet sich intensiv dem Mechanismus der Verdrängung, da sie die erste Abwehrart war, mit der sich Freud beschäftigte und weil alle anderen Abwehrmechanismen im Grunde mit Material zu tun haben, das der Verdrängung entgangen ist bzw. eine Verdrängung mittels sekundärer Gegenbesetzungen verhindert. Von vollständiger Verdrängung kann man nur sprechen, wenn der konfliktauslösende Trieb durch den Verdrängungsmechanismus an seinem Übertritt in das Vorbewusste bzw. Bewusste gehindert wurde. Freud nannte den Vorgang, der dem zugrunde liegt, Urverdrängung. Mit dieser geht laut Freud eine Fixierung einher, so dass der betroffene Trieb oder Triebanteil die normale Entwicklung nicht mitmacht und dadurch in einem infantileren Stadium bleibt. Unter der sekundären Verdrängung versteht man, dass den schon einmal vorbewusst bzw. bewusst gewordenen Triebrepräsentanzen die Besetzungen sekundär entzogen werden.

Was sich im Bewusstsein abbilden kann, ist das Ergebnis eines Kompromisses zwischen dem Unbewussten, Über-Ich und Ich.

2.3 Symptombildung

Als dritten Punkt beschreibt Loch die Symptombildung. Der manifeste Traum z.B. resultiert aus einem zum Bewusstsein vorgestoßenen Triebwunsch und dessen Bearbeitung durch die Abwehr. Laut Autor wäre ein Schreibkrampf eine Kompromissbildung zwischen einem Onaniewunsch und seiner Abwehr, was in diesem Fall die Verurteilung durch das Über-Ich wäre.

Wie auch Fenichel dargelegt hat, schreibt Loch, dass die Abwehr größtenteils durch Angst- und Schuldgefühle ausgelöst werden würde. Angst und Schuld sind das Signal für das (unbewusste) Ich, diejenigen Maßnahmen zu ergreifen, die bewirken, dass die diesen Gefühlen zugeordnete Wahrnehmung oder Handlung vermieden oder so abgeändert wird, dass sie keine zu große Traumatisierung für das bewusste Ich bedeutet.

Die inhaltlichen Momente der Neurosen stammen aus der „Zufälligkeit" der Biographie. Die formale Struktur leitet sich aus der speziellen Bearbeitungsweise ab, die dem Erfahrungsmaterial zuteilwird. Für Loch steht fest, dass es kulturspezifische, gruppenspezifische und familienspezifische Abwehrformen gibt, die auf die Kinder übertragen werden.

2.4 Vollständige und totale Verdrängung

Bei der vollständigen Verdrängung gelingt vorerst eine vollständige Abwehr, d.h. der Triebwunsch findet keine bewusste Repräsentanz. Allerdings wird die potentielle Effektivität nicht beseitigt. Der Triebwunsch behält seine unbewusste Besetzung, so dass später eventuell eine Wiederkehr des Verdrängten möglich wird, was zustande kommt, wenn die Triebe z.B. in der Pubertät biologisch verstärkt werden oder in der Realität der Person etwas eintritt, das zum verdrängten Wunsch oder Trieb in Beziehung steht.

Von totaler Verdrängung wird gesprochen, wenn es zur Aufhebung einer Triebregung kommt. Das spielt sich bei der Errichtung des Über-Ichs ab, und Freud meinte, dass wenn dieser Vorgang erfolgreich ablaufen würde, dies einer Aufhebung des Ödipuskomplexes gleichkommen würde.

Die menschliche Persönlichkeit wird von psychischen Mechanismen aufgebaut, die auch der Abwehr dienen können. Entscheidend ist, ob die Konflikte eine Lösung finden, die die Ich-Funktion nicht fixieren oder beeinträchtigen. Ob ein Abwehrmechanismus einer gesunden Anpassung oder einer pathologischen Konfliktbearbeitung dient, hängt davon ab, ob er einer Triebbefriedigung dient.

2.5 Vorstadien der Abwehr

Ziel ist, die Funktion des Organismus zu schützen und die Integration mit der lebensnotwendigen Umwelt sicherzustellen. Vor allem sind es Spaltungen, Introjektionen, projektive Identifikationen, Verkehrung ins Gegenteil, Wendung gegen die eigene Person und Verschiebungen. Diese primitiven Abwehrformen spielen sich am Objekt ab. Sie sind Arten des Umgangs mit dem Objekt in einem Stadium, in dem dieses Erlebnis noch seine primäre Ganzheit besitzt.

Die Urverdrängung wird von derjenigen primären Gegenbesetzung unterhalten, die den primär handelnden und erlebten Umgang mit dem Objekt in seine Faktoren aufspaltet. So bilden sich die verschiedenen Repräsentanzen als Teile des ursprünglichen Ereignisses. Die Leistung der Gegenbesetzung ist, dass auf dem Niveau des psychischen Primärprozesses jene Faktoren fixiert und von einer weiteren Entwicklung ausgeschlossen werden, die nicht an einem weiteren Verkehr und Austausch teilnehmen können. Die Vorstadien der Abwehr werden von nahezu vollständiger Triebabfuhr begleitet.

„Im Fall von Fehlsteuerung führen Abwehrvorgänge zu psychischen und/oder psychosomatischen Krankheitsbildern bzw. zur Soziopathie und Delinquenz" (S. 49).

Zusammenfassend kann gesagt werden, dass Wolfgang Loch im Gegensatz zu Otto Fenichel den verschiedenen Arten der Verdrängung und der Symptombildung mehr Aufmerksamkeit widmet, dafür auf die übrigen Abwehrmechanismen aber sehr wenig eingeht. Fenichel wiederum beschreibt die einzelnen Mechanismen sehr genau und hat dadurch seinen Beitrag anders unterteilt als Loch. Ich persönlich kam mit Fenichels Text besser zurecht, da er sich nicht in Zitaten und verschachtelten Sätzen verrennt und aus diesem Grund der Inhalt leichter nachvollzogen werden kann.

3 Ein Problemfall

In meinem engeren Bekanntenkreis gibt es einen 45-jährigen Mann, der stark von Abwehrmechanismen geprägt ist. Zurzeit unterrichtet er an einer AHS Katholische Religion. Er bekam während seiner gesamten Entwicklung wenig emotionale Zuwendung, sowohl von seinen Eltern als auch durch den Umstand, dass er seit frühester Zeit im kirchlichen Bereich tätig ist. Seine Sexualgedanken scheinen nach außen hin unterentwickelt zu sein, bei längeren Gesprächen stellt sich allerdings heraus, dass er erotische Gefühle entwickeln kann, diese aber stark abwehrt und nicht wahrhaben will. Er empfindet sexuelle Bedürfnisse als etwas, das nicht sein darf.

Bei ihm fallen mir Besonderheiten auf, die ich in den Werken von Fenichel und Loch wiederfand:

a) **Sublimierung:** Er arbeitet „Tag und Nacht" und hat fünf akademische Titel. Wenn ich mit ihm telefoniere oder er mich besucht, erzählt er ständig, wie viel er zu tun hätte. Wenn man ihn fragt, was er zu tun hätte, kann er keine zureichende Antwort geben. Durch sein soziales Engagement unterstützt er andere, was Formen annehmen kann, dass er manchen lästig erscheint. Je enger unsere Beziehung wurde desto mehr hatte er zu tun, was dazu führte, dass wir uns immer seltener sahen.

b) **Regression:** In Situationen der Verwirrung sowie in Momenten, in denen ich ihm Vorwürfe aufgrund seines Verhaltens machte, begann er, sich wie ein Kind zu benehmen, indem er sich kindisch und unreif verhielt und artikulierte. Teilweise legte er Verhaltensweisen an den Tag, die einem pubertierenden Teenager ähnlich waren.

c) **Verleugnung:** Er tendiert dazu, offensichtliche Gegebenheiten zu verleugnen. Dieser Mechanismus trat gehäuft auf, als ich zum ersten Mal einen Freund hatte. Man konnte ihm ansehen, wie sehr er unter dieser Gegebenheit leidet, er betonte jedoch stets, dass ihm meine neue Beziehung nichts ausmache, im Gegenteil, er freue sich sehr für mich und hoffe, wir würden lange zusammenbleiben. Die Wahrheit ist, dass er sich, seit ich einen Freund habe, noch weiter von mir distanziert und sich erneut in Arbeit stürzt (Abreaktion von Wut?). Sehen wir uns wieder, geht er mit mir um, als hätte ich ihn mit meinem Freund betrogen, obwohl wir nie eine Partnerbeziehung hatten.

d) **Projektion:** Die Wut auf sich selbst scheint er nach außen zu projizieren, die Wut darüber, dass er ist wie er ist und nicht aus seiner Haut kann. Ich gehe davon aus, dass er diese Empfindung auf mich projiziert, da er mich des Öfteren abwertend und schäbig behandelte. Was ich sagte, war prinzipiell nicht in Ordnung.

e) **Ungeschehenmachen:** Der Betroffene lebt mit der Einstellung, alles, was mit Sexualität und Emotionen im Allgemeinen zusammenhängt, sei etwas Verbotenes. Manchmal geschieht allerdings, dass er sexuell gefärbte Aussagen tätigt. Er sagt etwas Zweideutiges, danach schwächt er ab mit: „Nein, doch nicht!"

Literatur

FENICHEL, Otto: Psychoanalytische Neurosenlehre. Band 1. Olten/Freiburg im Breisgau 1974, S. 201-238.

LOCH, Wolfgang (Hrsg.): Die Krankheitslehre der Psychoanalyse. 2. Auflage. Stuttgart 1971, S. 38-49.

Die psychoanalytische Behandlung von Neurosen

Vorwort

In der vorliegenden Arbeit setze ich mich mit der psychoanalytischen Behandlung von Neurosen auseinander. Dazu behandle ich zuerst einen Ausschnitt aus einem Werk von Otto Fenichel und stelle seine Darstellung anschließend jener von Wolfgang Loch gegenüber. Die beiden Kapitel, die ich miteinander vergleiche, haben nicht exakt denselben Inhalt, laufen jedoch in dieselbe Richtung und sind aus diesem Grunde gut miteinander vergleichbar. Otto Fenichel bezeichnet das behandelte Kapitel als „Die Psychoanalyse als therapeutische Methode", Wolfgang Loch übertitelt seines mit „Die Neurose in der psychoanalytischen Behandlung".

Bei der Darstellung der Ansichten Otto Fenichels bearbeitete ich Punkt 3-5 von „Therapie und Prophylaxe", um das Themengebiet zu fokussieren.

Nach dem Vergleich der Darstellungen von Loch und Fenichel führe ich einen Problemfall zu diesem Thema an.

1 Die Psychoanalyse als therapeutische Methode bei Otto Fenichel

Fenichel beginnt seine Darstellung mit einer allgemeinen Einführung. Er schreibt, dass die Psychoanalyse versuche, im Gegensatz zu anderen Therapieformen, die pathogene Abwehr wirklich aufzulösen, denn nur so könnten Patienten zu Energien gelangen, die ihnen vorher aufgrund ihrer seelischen Krankheit nicht zugänglich sein konnten. Die Psychoanalyse zielt darauf ab, den Patienten mit seinem Konflikt zu konfrontieren. Bevor die Übertragung zu therapeutischen Zwecken genutzt wird, wird sie analysiert. Auf diese Weise kann sie dem Patienten vorgeführt werden. Was zuerst aus der Persönlichkeit des Patienten ausgeschlossen war, kann nun wieder integriert werden. So kann die Persönlichkeit erneut reifen. Der Großteil der Triebenergien, die in den Abwehrkonflikten gebündelt sind, können abgeführt werden, ein kleinerer Teil kann mit besseren Mitteln abgewehrt werden.

Beim Neurotiker gibt es eine pathogene Abwehr. Diese entstand durch Ängste und Schuldgefühle in der Kindheit, die weiterwirken und dem vernünftigen Ich nicht zugänglich sind. Neurotiker glauben an das Bestehen einer Gefahr, die allem Anschein nach nicht vorhanden ist. In der Kindheit wurden hier Angst und Triebe ins Unbewusste verdrängt. So können sie sich nicht mit dem Ich weiterentwickeln.

Die Psychoanalyse sieht ihre Aufgabe darin, dem bewussten Ich die verdrängten Inhalte wieder bewusst zu machen. Sie will Ängste zugänglich machen und die Gegenbesetzung bei den Trieben aufheben. Das kann nur geschehen, weil die Triebregungen, die abgewehrt werden, Abkömmlinge herstellen.

Bei einer Deutung ist nicht das Ziel, unbewusste Inhalte beim Namen zu nennen, die der Patient noch nicht erkennen kann, weil sie noch nicht durch vorbewusste Abkömmlinge repräsentiert wurden. Dem Patienten muss vorgeführt werden, dass bei ihm eine Abwehr stattfindet, wie er diese Abwehr vollzieht, warum er etwas und was er abwehrt. So kann man die Person dazu bringen, dass ihr abwehrendes Ich die Abkömmlinge, die immer weniger entstellt werden, toleriert.

Sterba zeigte an der Deutung des Übertragungswiderstandes, dass sie dadurch, dass das Ich in einen vernünftigen, urteilsfähigen und einen erlebenden Teil gespalten wird, wirksam werden kann. Der vernünftige Teil sieht ein, dass der andere Teil der Gegenwart unangemessen ist und aus der Vergangenheit kommt. So wird die Angst reduziert, und es können weitere, weniger entstellte Abkömmlinge des Unbewussten produziert werden. Eine solche Spaltung wird erreicht, indem eine positive Übertragung verwendet wird und durch eine vorübergehende Identifizierung mit dem Therapeuten.

Als weiteren Punkt spricht Fenichel an:

„Die 'analytische Atmosphäre', die den Patienten davon überzeugt, daß er bei größerer Toleranz gegenüber seinen zuvor abgewehrten Triebregungen nichts zu fürchten hat, scheint nicht nur eine Voraussetzung jeder Übertragungsdeutung zu sein (vgl.Bd.I, S. 49f.); sie ist auch ein entscheidendes Mittel, um das Ich dazu zu überreden, versuchsweise etwas anzunehmen, was es zuvor abgewiesen hatte" (S. 170f.).

Hierbei wurde befürchtet, so schreibt Fenichel, dass diese Gegebenheit dazu führt, dass die Psychoanalyse vom Alltagsleben isoliert wird. Der Patient könnte meinen, dass er in der Therapie lediglich mit seinen Triebregungen spielen würde, während er diese im Alltagsleben immer noch abwehren müsse. Dieser Einwand mag teilweise berechtigt sein, andererseits kann nicht abgewiesen werden, dass bei einer solchen Therapie dennoch eine Atmosphäre der Toleranz besteht. Das „Ausagieren" des Patienten in der Therapie bezieht sich auf die Gegenwart und gibt ihm nicht das Bewusstsein, dass er von der Vergangenheit beherrscht wird. Allerdings sollte ihm gezeigt werden, dass die Vergangenheit in der Gegenwart wirksam ist. Je besser dem Analytiker gelingt, das vernünftige Ich des Patienten mit seinen Widerständen und deren Ursprung zu konfrontieren, desto länger andauernd und wirksamer ist der gewünschte Effekt.

Jede Form von Psychotherapie verwendet die Übertragung, die Psychoanalyse ist jedoch die einzige Form, die sie auch deutet und somit ins Bewusstsein bringt. Wirksam kann diese Deutung werden, indem der Analytiker nicht emotional auf die emotionalen Ansprüche des Patienten eingeht. Der Analytiker bleibt ein „Spiegel", in dem der Patient sehen kann, was er tut.

Bei Neurotikern ist das unbewusste Triebleben entweder auf einer infantilen Stufe stehengeblieben oder zu ihr regrediert. In ihrer Sexualität haben sich infantile Formen erhalten. So könnte man meinen, dass nach einer Beseitigung der Abwehr perverse Strebungen zum Vorschein kommen würden. Die Praxis zeigt, dass hier keine Gefahr besteht, meint Fenichel. Wenn die Abwehr aufgehoben wird, fügen sich jene Teile, die zuvor ausgeschlossen waren, in die reife Gesamtpersönlichkeit ein. Wichtig ist, dass nach dem Abreagieren in der Therapie ein „Durcharbeiten" desselben stattfindet. Das Ich soll dazu erzogen werden, immer weniger entstellte Abkömmlinge zu ertragen, bis die pathogene Abwehr verschwunden ist. Das ist ein länger andauernder Prozess, der auf keinen Fall abgekürzt werden darf.

Dadurch, dass die Abwehr beseitigt wird, werden andere Abfuhrmöglichkeiten zugänglich, die zuvor blockiert waren. In der Triebökonomie spielt eine angemessene sexuelle Befriedigung eine Rolle. Bei Psychotikern und Kindern muss die Klassische Psychoanalyse modifiziert werden.

2 Indikationen einer psychoanalytischen Behandlung

Eine psychoanalytische Behandlung, so Fenichel, solle durchgeführt werden, wenn es neurotische Schwierigkeiten als Ergebnis eines neurotischen Konflikts gibt. Neurosen müssen von den Psychosen deutlich unterschieden werden:

„Bei Neurosen suchen sich die abgewehrten Triebregungen in Verbindung mit einer Sehnsucht nach Objekten Ausdruck zu verschaffen, indem sie Übertragungen hervorrufen" (S. 175).

Psychotiker hingegen sind an einem Kontakt mit anderen aufgrund ihrer Regression zu einer Entwicklungsstufe, die vor der Ausbildung von Objekten liegt, nicht interessiert. Besonders indiziert ist eine Psychoanalyse bei Übertragungs-neurosen. Bei narzisstischen Neurosen kann sie scheinbar nicht angewendet werden. Allerdings gelten bei dieser allgemeinen Regel auch Ausnahmen.

Allgemein kann gesagt werden, dass die Schwierigkeit einer Analyse der Tiefe der pathogenen Regression entspricht. Berücksichtigt man das Wissen, das die Psychoanalyse über die Tiefe der entscheidenden Fixierungen bei den einzel-nen Neurosen hat, können diese nach ihrer analytischen Zugänglichkeit wie folgt, nach Fenichel, angeordnet werden:

a) **Hysterie:** Im Fall einer vorliegenden Angsthysterie gibt es die besten Aus-sichten. Gibt es keine besonderen Indikationen, ist die Prognose günstig.

b) **Zwangsneurosen und prägenitale Konversionsneurosen:** Prägenitale Re-gression sorgt für eine gewisse Unsicherheit der Ergebnisse. Fälle, wo die Rigi-dität zusammenbrach, Angst auftrat und pathogene Konflikte wiederbelebt wurden, sind günstiger als jene mit einem einigermaßen stabilen und unbe-weglich gewordenen Gleichgewicht.

c) **„Neurotische" Depressionen:** Darunter sind leichte Depressionen zu verste-hen, die noch auf Objekte gerichtet sind, sowie Zyklothymien. Hier ist aufgrund des oralen Elements eine Analyse schwieriger.

d) **Charakterstörungen:** Diese sind komplizierter anzugehen als Symptomneu-rosen, weil bei ihnen der unvernünftigen Neurose kein vernünftiges, verlässli-ches Ich entgegensteht. Das Ich ist in die Krankheit eingeschlossen. Hier kann es verschiedene Ausmaße der Störungen geben, was die Flexibilität, die Bereit-schaft und Fähigkeit zur Mitarbeit des Patienten beeinflusst.

e) **Perversionen, Süchte und Impulsneurosen:** Diese sind mit schweren Cha-rakterstörungen vergleichbar und schwer zu behandeln, da das Symptom entweder als lustvoll empfunden wird oder verspricht, lustvoll zu sein. Daraus entsteht eine neue und schwere Form des Widerstandes. Es herrscht eine prägenitale, zumeist orale Ausrichtung vor.

f) Psychosen, schwere manisch-depressive Fälle und Schizophrenien: In dieser Klassifizierung wurden die Organneurosen nicht aufgenommen, weil ihre Strukturen zu verschieden sind. Kategorial können sie jeder anderen Neurose entsprechen.

Diese Unterteilung soll, laut Fenichel, nur einen allgemeinen Überblick wiedergeben.

3 Kontraindikationen einer psychoanalytischen Behandlung

a) Alter: Das ideale Alter für den Beginn einer Analyse liegt laut Fenichel zwischen 15. und 40. Lebensjahr. Das Alter ist ein wichtiger Punkt, da die Psychoanalyse eine bestimmte Vernünftigkeit und Flexibilität der Gesamtpersönlichkeit voraussetzt. Kleine Kinder sind meist nicht verständig genug, ältere Menschen haben meist ihre Flexibilität verloren. Kinder können selten der Grundregel der freien Assoziation folgen. Deshalb muss man Erkenntnisse erlangen, indem man ihr Spiel sowie ihre künstlerische Ausdrucksfähigkeit und ihr allgemeines Verhalten beobachtet. Der Analytiker fungiert als eine zweite Mutter für das Kind, das er analysiert. Ein Problem bei einer Kinderanalyse ist ihre Abhängigkeit. Sie müssen nach der Analyse in jene Umgebung zurück, die ihre Neurose verursachte. Der Analytiker hat es hier sowohl mit den Widerständen des Kindes als auch der Eltern zu tun. Wird eine Analyse bei sehr alten Menschen durchgeführt, sollte man die gesamte Lebenssituation des Patienten im Auge behalten. Eine Analyse erscheint aussichtsreicher, wenn dem Patienten Möglichkeiten libidinöser und narzisstischer Befriedigung zur Verfügung stehen. Änderungsmöglichkeiten sind bei älteren Menschen ziemlich begrenzt.

b) Schwachsinn: Da die Psychoanalyse das Ich mit seinen Konflikten konfrontiert, können Fälle, bei denen die Fähigkeit zu einer solchen Konfrontation fehlt, nicht analysiert werden. Allerdings kann offenkundiger Schwachsinn als psychogene Pseudodebilität auftreten. In jedem Fall muss der Analytiker versuchen, seine Methode zu modifizieren und trotzdem mit dem Patienten in Kontakt zu kommen.

c) Ungünstige Lebensumstände: Manchmal gewinnt man bei Patienten den Eindruck, sie wären ohne Neurose unglücklicher. Die Entscheidung, ob man eine Person analysieren soll, erfordert Einblick in die Dynamik der jeweiligen Persönlichkeit. Starke Persönlichkeiten sind durchaus imstande, mit ungünstigen äußeren Verhältnissen fertig zu werden.

d) Trivialität einer Neurose: Neurosen sollten laut Fenichel nur behandelt werden, wenn man meint, dass sich diese Mühe lohnen würde. Wenn ein therapeutischer Erfolg mit geringerem Aufwand erreichbar erscheint, sollte man mit keiner Analyse beginnen.

e) Dringlichkeit eines neurotischen Symptoms: Es gibt neurotische Symptome, die unmittelbar behoben werden müssen, da sie sonst entweder körperliche Schädigungen mit sich bringen oder unerträglich sind. Es wäre denkbar, dass zunächst andere therapeutische Maßnahmen gesetzt werden, um die unmittelbare Gefahr zu beseitigen. Dann kann man mit einer Psychoanalyse beginnen.

f) Schwere Sprachstörungen: Wo das Sprechen nicht möglich ist, ist eine Psychoanalyse nicht anwendbar. Allerdings kann das Sprechen z.B. durch Schreiben ersetzt werden. Wegen des Zeitaufwands wäre unmöglich, eine ganze Analyse auf schriftlicher Ebene durchzuführen. Eine Zeitlang kann die Kommunikation schriftlich durchgeführt werden, wenn z.B. ein hysterischer Mutismus vorliegt.

g) Fehlen eines vernünftigen und zur Mitarbeit bereiten Ich: Ist kein vernünftiges Ich vorhanden, kann eine Analyse scheinbar nicht angewendet werden, meist kann jedoch in der „voranalytischen" Behandlungszeit mit nichtanalytischen Mitteln ein Ich gebildet werden. Es ist keine gute Voraussetzung für eine

Analyse, wenn die Person nicht aus eigenem Willen kommt, sondern weil es ihr andere geraten haben.

h) Bestimmte sekundäre Krankheitsgewinne: Manche Menschen scheinen von ihrer Neurose zu leben und scheinen nicht bereit, diese aufzugeben. Davon sind vor allem Künstler betroffen.

i) Schizoide Persönlichkeiten: Bekommt man bei manchen Personen den Eindruck, dass sie zwar nicht psychotisch sind, es aber werden könnten, wenn ihre Konflikte aus der Kindheit aufgerührt werden, ist schwer zu entscheiden, ob sie analysiert werden sollten.

j) Kontraindikation der Analyse bei einem bestimmten Analytiker: Manchmal meint ein Analytiker, dass ein Patient besser von einem anderen analysiert werden sollte. Das kann geschehen, wenn der Patient auf die Persönlichkeit des Analytikers nicht reagiert oder der Analytiker nicht gut mit ihm zusammenarbeitet. Manchmal passen Analytiker und Patient nicht zusammen. Die Schwierigkeiten können hier entweder auf der Seite des Patienten oder des Analytikers liegen.

Fenichel empfiehlt, dass sich Patienten einige Wochen probeweise analysieren lassen. Danach kann festgestellt werden, ob die Person eine Psychoanalyse braucht. Die Aufmerksamkeit des Analytikers fokussiert sich auf eine Beurteilung der Indikation. Er stellt eine „dynamische Diagnose" der Konflikte, die beim Patienten überwiegen und verschafft sich einen Überblick über die hauptsächlichen Widerstände und ihrer zu erwartenden relativen Stärke. Er lernt dabei die Abwehrsysteme eines Patienten kennen und kann sich ein Bild von dessen allgemeiner Zugänglichkeit machen. Das Material dieser dynamischen Diagnose bilden die Lebensgeschichte des Patienten, sein Verhalten, seine Aussagen und seine ersten Träume.

Es besteht die Möglichkeit, sich selbst zu analysieren, was Freud ebenfalls tat. Allerdings sind hier die Möglichkeiten aus zwei Gründen sehr beschränkt:

„1. Widerstände ohne Hilfe einer anderen Person zu überwinden, setzt eine sehr starke Persönlichkeit voraus. Es wird vollkommen unmöglich, wenn ein Widerstand aus einer 'blinden Stelle' besteht und wenn man einfach nicht sieht, was man nicht sehen will. Ein Analytiker kann seinen Patienten immer wieder auf seine Blindheit hinweisen. In einer Selbstanalyse dagegen bleibt ein blinder Fleck unberührt.

2. Die als Übertragung bezeichnete Gefühlsbeziehung zum Analytiker, die bei einer Selbstanalyse fehlt, fungiert in doppelter Weise als Werkzeug der Analyse. Der Wunsch, dem Analytiker zu gefallen, ist ein wichtiges Motiv bei der Überwindung von Widerständen, und die Form der Übertragung bietet ein unersetzliches Untersuchungsmodell der Verhaltensmuster eines Patienten" (S. 186).

4 Die Neurose in der psychoanalytischen Behandlung bei Wolfgang Loch - ein Vergleich

Im Gegensatz zu Fenichel beschreibt Loch dieses Themengebiet nicht so ausführlich, ist aber meiner Meinung nach dadurch inhaltlich verständlicher. Loch beginnt seine Darstellung mit der Aussage, dass das neurosekranke Ich, das durch diese Gegebenheit gestört ist, ärztliche Hilfe suche. Das Ziel der Behandlung ist, den Konflikt des Patienten zu einem Ausgang zu führen, der der Gesundheit verträglicher ist. In dieser Aussage stimmt er mit Fenichel überein.

Die neurotischen Konflikte sollen im Rahmen der Therapie auf ihre infantilen Wurzeln zurückgeführt und der Kritik zugänglich gemacht werden. Dazu müssen sie bewusst gemacht werden.

„Mit anderen Worten: die am Konflikt beteiligten Triebenergien sollen an ihre vorbewußten Repräsentanten gebunden und dadurch der Regulation durch das bewußte (bzw. vorbewußte) Ich zugänglich gemacht werden; 'Wo Es war, soll Ich werden' (struktureller Aspekt)" (S. 152).

Der Analytiker, so Loch, müsse versuchen, das Ich dafür zu gewinnen, notfalls auf sofortige Triebbefriedigung zu verzichten und ein bestimmtes Maß an Unlust zu ertragen, damit andere Umstände, die für das Ich günstig sind, geschaffen bzw. abgewartet werden können. Das Lustprinzip, das in der Kindheit vorherrscht, muss dem Realitätsprinzip untergeordnet werden. Eine analytische Therapie strebt eine Stärkung des Ich an, damit die Lebensanforderungen besser bewältigt werden können.

Weiters erwähnt Loch, dass sich die Psychoanalyse der Deutung bediene. Gedeutet werden können Verhalten, das Einfallsmaterial und die Träume des Patienten. Mittels der Deutungen muss dem Patienten bewusst gemacht werden, dass das kranke Ich konflikthafte Motive abwehrt und wie es dabei vorgeht. Bei der Deutungsarbeit ist der Analytiker auf die Mitarbeit des Patienten angewiesen.

Loch zitiert Freud, der geschrieben hat, dass es eine negative Übertragung geben könnte. Hier empfindet das Ich Unlust dabei, sich der Arbeit auszusetzen, die ihm aufgetragen wurde. Es treten Widerstände auf, von denen am ehesten die Widerstände des Ich bekannt waren. Dazu zählen der Verdrängungswiderstand, der Übertragungswiderstand und der Widerstand, der aus dem sogenannten sekundären Krankheitsgewinn folgt.

Der Verdrängungswiderstand entspricht der Gegenbesetzung. Mit diesem wehrt sich das Ich gegen das Bewusstwerden verdrängter Triebrepräsentanzen. Der Übertragungswiderstand ist dem Verdrängungswiderstand verwandt. Darunter versteht man, wenn der Patient im Laufe einer Analyse seine infantilen Gefühlseinstellungen, die aufgrund seiner Regression wiederbelebt wurden, auf den Analytiker überträgt. Dieser wird somit zum Repräsentanten der kindlichen Objekte. Es kann zu einer positiven oder negativen Übertragung kommen. Der sekundäre Krankheitsgewinn entspricht der synthetischen Funktion des Ich, dass es anstrebt, sich bald auf die Beeinträchtigungen einzustellen, die sich aus den krankhaften Symptomen und Veränderungen des Charakters ergeben. Das Ich bezieht die auftretenden Störungen in seine Planungen mit ein und versucht, diese seinen Zwecken dienstbar zu machen.

Der Widerstand des Über-Ichs ist oft nicht von einer Form des Widerstandes des Es zu trennen. Freud schrieb, dass beide Arten dem Kranken vollkommen unbekannt seien. Man kann sie unter dem Begriff Krankheits- und Leidensbedürfnis zusammenfassen, allerdings sind sie verschiedener Herkunft. Der Widerstand erlaubt oft, eine Form des neurotischen Leidens aufzuheben, ist aber sofort bereit, sie durch eine andere Art von Erkrankung zu ersetzen. Es kommt nur darauf an, dass man elend sei. Freud erwähnt, dass es Menschen gäbe, die einen starken Selbstzerstörungstrieb an den Tag legen. Diese sind oft vehement gegen eine Therapie.

Dieser Selbstzerstörungstrieb ist laut Loch offensichtlich den Widerständen des Es zuzuzählen. Aus dem Es entspringt auch der Wiederholungszwang. Dieser äußert sich kraft einer Anziehung der Vorbilder, die unbewusst sind, auf den verdrängten Triebvorgang, der aktuell stattfindet.

So kann abschließend der Schluss gezogen werden, dass Loch in seiner Darstellung teilweise andere Schwerpunkte setzte als Fenichel. Fenichel beschreibt die Psychoanalyse als Therapieform sehr genau und detailliert, Loch hält sich kurz und prägnant und geht eher auf die unterschiedlichen Formen von Widerständen ein.

5 Ein Problemfall

In meinem näheren Bekanntenkreis kenne ich niemanden, der sich jemals in psychoanalytischer Behandlung befunden hätte. Deshalb möchte ich bei der Schilderung eines Problemfalls weniger auf die Psychoanalyse als Therapie eingehen als darauf, wie sich bei einer Person, mit der ich gut befreundet war, jene Widerstände äußerten, die Wolfgang Loch in seiner Darstellung beschrieb.

Es handelt sich um einen fast 46-jährigen AHS-Religionslehrer, der recht konservativ und asketisch sein Leben fristet. Seit seiner Jugend ist er mit der katholischen Kirche konfrontiert, die ihn sehr prägte. Frauen steht er skeptisch und unsicher gegenüber und hat einen unterentwickelten Sexualitätsgedanken. Ich bemerkte, wie stark er von inneren Widerständen beeinflusst wird:

Verdrängungswiderstand: Er wehrt sich gegen das Bewusstwerden verdrängter Triebrepräsentanzen, vor allem im sexuellen Bereich. Das äußert sich auf diese Art, dass ihm oftmals ein sexuell gefärbter Satz auskam, er ihn jedoch sofort mit einem knappen: „Nein, doch nicht!" negierte, wenn ich nicht euphorisch auf seine Aussage reagierte.

Nachdem ich mit meinem ehemaligen Bekannten keine Analyse durchführte, kann ich mich zum **Übertragungswiderstand** nicht äußern.

Sekundärer Krankheitsgewinn: Mein ehemaliger Bekannter schien seine seelische Beeinträchtigung, die er aufgrund seiner Erziehung und Sozialisation erfahren hatte, teilweise zu genießen. Er genoss, bemitleidet und bedauert zu werden, wie ihn die anderen „verhaut" hätten. Ihm schien zu gefallen, wenn man ihn aufgrund seiner Neurosen bedauerte, schon allein deshalb, weil er auf diese Weise die Aufmerksamkeit auf sich zog. Er meinte, dadurch das Privileg zu haben, sich nach Belieben verhalten zu können, weil er „nicht anders konnte".

Krankheits- und Leidensbedürfnis: Wenn es ihm nicht gut ging, schien er sich wohlzufühlen. Einmal hatte er Gastritis und jammerte, dass er nur Zwieback zu sich nehmen könne. Als man ihn bedauerte, war er zufrieden.

Literatur

FENICHEL, Otto: Psychoanalytische Neurosenlehre. Band 3. Olten/Freiburg im Breisgau 1974, S. 169-186.

LOCH, Wolfgang (Hrsg.): Die Krankheitslehre der Psychoanalyse. 2.Auflage, Stuttgart 1971, S. 151-157.

Technik und Praxis des psychoanalytischen Erstgesprächs: Übertragung und Gegenübertragung

VORWORT

Diese Seminararbeit zum Thema „Technik und Praxis des psychoanalytischen Erstgesprächs: Übertragung und Gegenübertragung" beschäftigt sich mit vier Schriften Sigmund Freuds, da ich für ein psychoanalytisch orientiertes Seminar am angemessensten halte, mich mit Werken vom „Meister persönlich" auseinanderzusetzen, weil diese die Quelle für jede spätere weitere Entwicklung der psychoanalytischen Therapie sind. Ihre Titel übernahm ich zur besseren Übersicht als Überschriften. Sie beinhalten die Einleitung einer psychoanalytischen Behandlung, Ratschläge für den psychoanalytisch behandelnden Arzt sowie die Dynamik der Übertragung und Bemerkungen zur Übertragungsliebe.

1 Zur Einleitung der Behandlung

(vgl. FREUD 1913, S. 454-478)

Sigmund Freud legt dar, dass er zu Beginn Menschen, über die er noch nicht viele Informationen besitzt, nur für eine begrenzte Zeit, sozusagen provisorisch, in eine Behandlung aufnehmen würde. Die Dauer beträgt ein bis zwei Wochen. Als Grund dafür gibt er an, dass auf diese Weise die betroffene Person nicht den Eindruck bekommen würde, dass ein Heilungsversuch nicht gelungen ist, wenn innerhalb dieser Zeit die Behandlung abgebrochen wird. So wird ein bestimmter Fall aufgenommen, den der Therapeut in dieser Zeitspanne kennenlernen und sich mit ihm auseinandersetzen kann. Dann kann er entscheiden, ob der Patient für eine psychoanalytische Behandlung in Frage kommt bzw. dafür geeignet ist. Dieser „Vorversuch", wie Freud ihn nennt, gehört bereits zum psychoanalytischen Behandlungsprozess und soll demnach ebenfalls nach psychoanalytischen Regeln ablaufen. Er schlägt vor, in diesem Prozess zum Großteil den Patienten sprechen zu lassen. Der Therapeut soll ihm von Aufklärungen nur so viel mitteilen wie notwendig ist, damit die Person ihr Gespräch weiterführen kann. Freud betont, dass diese Probebehandlung noch einen weiteren Vorteil hätte. Der Therapeut, der zu Beginn eine bestimmte psychische Erkrankung diagnostizierte oder vermutete, kann im Laufe des Gesprächs herausfinden, dass er sich eventuell in seiner ersten Diagnose irrte und der Patient unter einer anderen Erkrankung mit ähnlichen Symptomen leidet. Für den Psychoanalytiker ist wichtig, Irrtümer in der Diagnose zu vermeiden, da ihm zwar möglich ist, eine Hysterie oder Zwangsneurose zu heilen, nicht aber eine medizinische Krankheit.

Lange Vorgespräche sind eine ungünstige Ausgangssituation für eine psychoanalytische Therapie. Es ist nicht förderlich, wenn vorher bereits eine andere Therapie gemacht wurde. Sind Therapeut und Patient einander von früher bekannt, ist dies ebenfalls eine ungünstige Basis. Diese erwähnten Gegebenheiten sind Gründe dafür, dass der zu Analysierende mit einer fertigen Übertragungseinstellung zum Therapeuten kommt. Diese kann der Analytiker nur langsam aufdecken, obwohl er im Idealfall die Möglichkeit haben soll, die Übertragung, wie sie wächst und sich entwickelt, zu beobachten. Freud weist darauf hin, dass man gegen alle Leute misstrauisch sein sollte, die eine Therapie gleich mit einem Aufschub beginnen.

Wie oben angedeutet, ergeben sich Probleme, wenn der Analytiker und der Patient oder dessen Familie vor der Therapie eine freundschaftliche oder gesellschaftliche Beziehung zueinander hatten:

„Der Psychoanalytiker, von dem verlangt wird, daß er die Ehefrau oder das Kind eines Freundes in Behandlung nehme, darf sich darauf vorbereiten, daß ihn das Unternehmen, wie immer es ausgehe, die Freundschaft kosten wird. Er muß

doch das Opfer bringen, wenn er nicht einen vertrauenswürdigen Vertreter stellen kann" (ebd., S. 457).

Die Einstellung des Patienten zur Psychoanalyse, so Freud, nehme keinen Einfluss auf den Erfolg der Behandlung, da die inneren Widerstände, bedingt durch die Neurose, bei weitem stärker seien als Misstrauen oder Vertrauen gegenüber der Therapie.

Wichtige Dinge, die zu Beginn der Therapie geklärt werden müssen, sind die Faktoren Zeit und Geld. Freud regelte dies, indem er jedem Patienten eine bestimmte Stunde zuwies. Für diese Stunde bleibt der zu Analysierende haftbar, auch, wenn er sie nicht in Anspruch nimmt. Anders, so meint er, sei es nicht möglich, da die Anzahl der ständigen Absagen sonst rapide ansteigen würde, zu gut deutsch: der Patient würde es nicht so genau nehmen, ob er kommt oder nicht. Durch ständige Absagen wäre der Analytiker finanziell gefährdet. Keine Therapiestunde, kein Geld.

Freud unterbrach die Behandlung bei Patienten, die zweifellos organische Affektionen aufwiesen. Die Person wurde wieder aufgenommen, wenn sie wiederhergestellt war. Er arbeitete mit seiner psychoanalytischen Therapie täglich außer an Sonntagen und großen Festtagen, normalerweise sechs Tage pro Woche. Leichtere Fälle brauchten wöchentlich nur dreimal zur Behandlung zu kommen wie jene Patienten, die weit fortgeschrittene Behandlungen fortsetzten. Wird mit einer Person seltener gearbeitet, läuft der Therapeut Gefahr, mit dem realen Erleben des Patienten nicht Schritt halten zu können. So verliert die Behandlung ihren Bezug zum Hier und Jetzt.

Wie lange eine Behandlung fortgesetzt werden muss, bis die Person gesundet ist, kann vorausblickend so gut wie nicht beantwortet werden, da der Neurotiker nicht immer gleich gute Fortschritte macht.

Zu Beginn einer Therapie ist wichtig, den Patienten zu informieren, dass die Behandlung längere Zeit dauern wird. Ihm muss klargemacht werden, dass

Schwierigkeiten auftreten können. Freud selbst verpflichtete keinen seiner Patienten dazu, länger als gewollt in Behandlung zu bleiben, informierte die Personen jedoch darüber, dass ein Abbrechen der Therapie nach kurzer Zeit jeglichen Erfolg der Behandlung zunichtemachen würde.

Ein Analytiker ist nicht imstande, vorauszusehen, was er mit seiner Behandlung letztendlich bewirkt. Er versucht, die existierenden Verdrängungen des Patienten aufzulösen und Hindernisse beiseite zu schaffen. Der gesamte Prozess geht seinen eigenen Weg.

Was die Bezahlung der Behandlung anbelangt, schlägt Freud vor, ungefähr monatlich Zahlung zu nehmen, um nicht große Summen zusammenkommen zu lassen. Der Analytiker kann eine Nichtbezahlung seiner Arbeit berechtigterweise ablehnen und braucht keine Ausnahme zugunsten von Kollegen zu machen. Gratisbehandlungen würden ihn in seiner Erwerbsfähigkeit beschneiden. Freud hatte die Erfahrung gemacht, da er eine Zeitlang Gratisbehandlungen durchführte, dass eine Nichtbezahlung der Therapiestunden Schwierigkeiten in der Patient-Therapeut-Beziehung mit sich brachte. Einziger Nachteil von bezahlten Therapiestunden ist, dass sich ärmere Leute keine Behandlung leisten können.

Die psychoanalytische Situation: Der Patient liegt auf einem Ruhebett. Der Therapeut sitzt hinter ihm, so dass die Person den Analytiker nicht sieht. Das hängt damit zusammen, dass die psychoanalytische Behandlung der Rest der Behandlung mittels Hypnose ist. Der Therapeut kann sich auf diese Weise während des Ablaufs seinen eigenen unbewussten Gedanken widmen. Dadurch, dass der Patient den Behandler nicht sieht, provozieren ihn diverse Gesichtsausdrücke des Therapeuten nicht zu Deutungen und beeinflussen ihn nicht in seinen Mitteilungen. Auf diese Weise soll die Übertragung isoliert und als Widerstand aufgezeigt werden.

Es spielt keine Rolle, mit welchem Material die therapeutische Behandlung beginnt. Es kann die Lebensgeschichte, die Krankengeschichte oder Erinnerungen an die Kindheit des Patienten sein. Man soll die Person erzählen lassen und lässt sie selbst entscheiden, womit sie beginnen will. Im Gespräch ist nicht notwendig, dass sich durch die Erzählung ein roter Faden zieht. Einfälle und Gedanken sollen nicht weggedrängt werden. Manche Patienten bereiten sich sorgfältig darauf vor, was sie in der Therapiestunde sagen werden. Damit verschwindet das eigentlich wichtige Material, weshalb der Therapeut darauf aufmerksam machen sollte, solche Vorbereitungen, die ein Zeichen von Widerstand sind, in Zukunft zu unterlassen. Der Patient sollte seine Angehörigen nicht über die Therapie am laufenden halten. Sie ist eine Angelegenheit zwischen ihm und dem Therapeuten und darf nicht durch Mitwisserschaft anderer ein Loch bekommen. So wird die Person vor negativen Einflüssen bewahrt, die auftreten können, wenn Angehörige der Therapie feindselig gegenüberstehen.

Manche Leute beginnen eine Therapie und sagen zu Anfang, dass ihnen nichts einfalle, was sie erzählen könnten. Der Therapeut solle ihnen vorgeben, worüber sie sprechen sollen. Auf diese Bitte sei in keinem Falle einzugehen, so Freud. Bei diesen Menschen steht ein starker Widerstand an vorderster Front, der dazu dient, die Neurose zu verteidigen. Durch Drängen bringt man diese Leute zum Eingeständnis, dass sie Gedanken zu bestimmten Themen haben. Dieses Erscheinungsbild tritt nach Freuds Erfahrung oft bei Frauen auf, die auf eine sexuelle Aggression vorbereitet sind, oder bei Männern, die ihre Homosexualität stark verdrängt haben.

Manche Patienten lehnen sich gegen das Liegen während der Therapie auf und äußern das Bedürfnis, den Therapeuten während der Behandlung zu sehen, was ihnen jedoch verweigert werden muss.

Solange der Patient ohne Stockungen spricht, soll der Therapeut die Übertragung nicht ansprechen. Das soll erst geschehen, wenn sie zum Widerstand geworden ist. Deutungen der Mitteilungen des Patienten sollen erst kundgetan werden, wenn die Übertragung leistungsfähig genug ist. Auf keinen Fall darf dies unmittelbar zu Beginn der Therapie geschehen:

„In früheren Jahren hatte ich häufig Gelegenheit zu erfahren, daß die vorzeitige Mitteilung einer Lösung der Kur ein vorzeitiges Ende bereitete, sowohl infolge

der Widerstände, die so plötzlich geweckt wurden, als auch auf Grund der Erleichterung, die mit der Lösung gegeben war" (ebd., S. 475).

Eine Veränderung der psychischen Befindlichkeit kann nur eintreten, wenn der bewusste Denkprozess bis zum Verdrängten vorgedrungen ist und die Verdrängungswiderstände überwunden hat. Die bewusste Mitteilung des Verdrängten an den Patienten hat eine Wirkung auf ihn. Sie wird einen Denkprozess anregen, der die erwartete Beeinflussung der unbewussten Erinnerung herstellt.

Der Patient hat das Bedürfnis, von seinem Leiden befreit zu werden. Dagegen wirkt vor allem der sekundäre Krankheitsgewinn. Die Widerstände gilt es zu überwinden. Dazu braucht es Affektgrößen, die durch die Mobilmachung der Energien beigestellt werden, die für die Übertragung bereit liegen. Durch Mitteilungen zur richtigen weisen sie dem Patienten die Wege, auf denen er diese Energien leiten soll.

2 Ratschläge für den Arzt bei der psychoanalytischen Behandlung

(vgl. FREUD 1912a, S. 375-387)

Eine Schwierigkeit, die sich für den Behandler zwangsläufig ergibt, so Freud, ist, die vielen Fakten und Einzelheiten, die er über den Patienten erfährt, im Gedächtnis zu behalten und nicht mit ähnlichen Dingen zu verwechseln. Es darf auch nicht geschehen, dass das Material verschiedener Patienten vermischt oder verwechselt wird. Freud lehnt in seiner Technik jegliche Hilfsmittel zum Merken der unterschiedlichen Aussagen der Patienten wie z.B. ein Aufschreiben des Gesagten ab. Wichtig ist die Einstellung des Arztes, sich nichts Besonderes merken zu wollen. Er soll alles mit derselben Aufmerksamkeit verfolgen. Sonst würde er beginnen, aus den Aussagen des Patienten das für ihn selbst Wichtige und Interessante zu selektieren und hätte keinen Blick mehr für das Ganze. Darin besteht die Gefahr, dass man zu keinen neuen Erkenntnissen kommt und lediglich das erfährt, was man ohnedies bereits weiß.

Freud ist der Ansicht, dass bei Patienten oftmals keinen guten Eindruck machen würde, wenn sie sehen, dass der Analytiker ihre Aussagen mitschreibt. Durch ein Aufschreiben wird selektiert, bestimmte Materialien ausgewählt. Bei bestimmten Daten, Träumen oder diversen einschneidenden Erlebnissen könne man problemlos Notizen machen, schränkt Freud seine strikte Ablehnung ein, es sollte sich dabei jedoch um Material handeln, das leicht aus dem Zusammenhang zu lösen ist. Er persönlich tat es allerdings nie. Er machte sich, laut eigener Aussage, nie über etwas in der Behandlung Notizen. Fälle zu dokumentieren, um sie zu einem Teil einer wissenschaftlichen Veröffentlichung zu machen, kann zwar nicht strikt abgelehnt werden, Freud findet solche theoretischen Abhandlungen jedoch langweilig und anstrengend zu lesen.

Die Psychoanalyse umfasst nicht nur Behandlung, sondern auch Forschung. Allerdings sollte ein Fall nicht wissenschaftlich abgehandelt werden, bevor die Behandlung abgeschlossen ist. Am besten gelingen, laut Freuds Aussage, jene Fälle, die man ohne besondere Absichten durchführt und bei denen möglichst wenig vorausgeplant wird. Während der Analytiker seine Fälle analysiert, sollte er nicht ins Spekulieren und Grübeln verfallen. Das gesamte Material, das er von einem Patienten besitzt, soll von ihm erst durchdacht werden, wenn die Behandlung abgeschlossen ist.

Freud rät weiter, während der Behandlung alle Affekte und sein Mitleid beiseite zu drängen. „Therapeutischer Ehrgeiz", wie er es nennt, kann gefährlich werden. Wichtig ist, dass sowohl Therapeut als auch Patient von den Affekten des Therapeuten geschont werden, da nur auf diese Weise eine Therapie positiv für beide Seiten ablaufen kann.

„Wie der Analysierte alles mitteilen soll, was er in seiner Selbstbeobachtung erhascht, mit Hintanhaltung aller logischen und affektiven Einwendungen, die ihn bewegen wollen, eine Auswahl zu treffen, so soll sich der Arzt in den Stand setzen, alles ihm Mitgeteilte für die Zwecke der Deutung, der Erkennung des verborgenen Unbewußten zu verwerten, ohne die vom Kranken aufgegebene Auswahl durch eine eigene Zensur zu ersetzen, in eine Formel gefaßt: er soll dem gebenden Unbewußten des Kranken sein eigenes Unbewußtes als empfangendes Organ zuwenden, sich auf den Analysierten einstellen wie der Receiver des Telephons zum Teller eingestellt ist" (ebd., S. 381).

Der Behandler darf in sich keine Widerstände akzeptieren, sobald er das Unbewusste des Patienten entdeckt hat. Er darf es nicht von seinem Bewusstsein abdrängen, da sonst eine Entstellung in die Behandlung eingeführt werden würde.

Wichtig für den Analytiker ist, seine eigenen Träume zu analysieren. Bevor er Analysen an Patienten durchführt, sollte er sich selbst von einem Sachkundigen analysieren lassen. Dies dient der Selbsterkenntnis, und es ist für eine therapeutische Beziehung besser, wenn der Analytiker affektfrei arbeiten kann. Die Selbstanalyse kann immer weiter fortgesetzt werden.

Es ist nicht zu empfehlen, dass der Therapeut eine Annäherung zum Patienten sucht, indem er diesem über seine eigenen Probleme erzählt, um eine Gleichstellung und mehr Vertrauen zu erreichen. Das macht den Patienten noch unfähiger, seine eigenen Widerstände aufzudecken bzw. zu überwinden. Es kann geschehen, dass der Patient versucht, die Behandlung von sich auf die Behandlung des Therapeuten zu verschieben, da er dessen Lebensgeschichte bei weitem spannender findet. So wird die Übertragung schwieriger gemacht. Der Analytiker soll für seinen Patienten ein Spiegel sein und nichts anderes zeigen als der Patient ihm zeigt. In manchen Fällen, meint Freud, sei nichts gegen eine Suggestivbehandlung einzuwenden, wenn auf diese Weise bessere Therapieerfolge erzielt werden können.

Der Therapeut hat in der Behandlung eine erzieherische Funktion. Er muss den Strebungen, die frei geworden sind, neue Ziele anweisen. Dabei muss er die eigenen Wünsche außeracht lassen. Wichtig ist, zu berücksichtigen, inwieweit der Patient dazu geeignet ist. Wer nicht gut in der Lage ist, zu sublimieren, darf nicht gewaltsam dazu gedrängt werden.

Die Persönlichkeit des Patienten entscheidet vorwiegend darüber, inwieweit von seiner intellektuellen Mitarbeit in der Therapie Gebrauch gemacht wird. Er soll jene psychoanalytische Regel befolgen, die vorschreibt, die Kritik gegen das Unbewusste und seine Abkömmlinge auszuschalten. Besonders bei jenen Leuten sollte man auf die Befolgung dieser Regel hinweisen, die dazu tendieren, zu intellektualisieren, um nichts zur Konfliktbewältigung beitragen zu müssen.

Die Patienten sollen an der eigenen Person lernen, was ihnen mehr bringt als das Lesen psychoanalytischer Lektüre.

Freud warnt eindringlich davor, den Angehörigen von Patienten zur allgemeinen Information psychoanalytische Literatur zu lesen zu geben, da dies meist zu totaler Gegnerschaft gegenüber der Psychoanalyse führt und auf diesem Wege eine Therapie erst gar nicht stattfindet. Freud schließt diesen Beitrag mit den Worten:

„Ich gebe der Hoffnung Ausdruck, daß die fortschreitende Erfahrung der Psychoanalytiker bald zu einer Einigung über die Fragen der Technik führen wird, wie man am zweckmäßigsten die Neurotiker behandeln solle. Was die Behandlung der „Angehörigen" betrifft, so gestehe ich meine völlige Ratlosigkeit ein und setze auf deren individuelle Behandlung überhaupt wenig Zutrauen" (ebd., S. 387).

3 Zur Dynamik der Übertragung

(vgl. FREUD 1912b, S. 363-374)

Jeder Mensch wird weitgehend von seiner Anlage und seinen Kindheitserfahrungen bestimmt. Bereits das Kind hat eine bestimmte Eigenart, wie es (Liebes-)Beziehungen aufbaut. Dieses Beziehungsschema, von Freud als Klischee bezeichnet, wiederholt sich im Laufe des Lebens immer wieder. Von jenen Regungen, die das Liebesleben bestimmen, macht nur ein Teil die gesamte psychische Entwicklung durch. Jene, die sich mitentwickelten, sind Teil der bewussten Persönlichkeit. Die anderen, in ihrer Entwicklung aufgehaltenen Triebregungen, sind der bewussten Persönlichkeit und somit der Realität nicht zugänglich. Diese existieren entweder in der Phantasie oder befinden sich im Unbewussten.

Die bereitgehaltene Libidobesetzung des teilweise unbefriedigten Menschen kann sich auch dem Therapeuten zuwenden. Damit wird dieser in die Reihe jener eingefügt, denen sich nach demselben Klischee genähert worden war. Der Therapeut kann so z.B. für den Vater des Patienten stehen. Eine solche

Übertragung ist sowohl von bewussten als auch unbewussten Erwartungen und Vorstellungen beeinflusst.

Freud berichtet, dass der Psychoanalyse in dieser Beziehung zu dieser Zeit noch zwei Fragen nicht beantwortbar wären:

1. Warum ist die Übertragung bei Neurotikern in der Analyse stärker als bei anderen, nicht analysierten Menschen?

2. Warum tritt sie in der Analyse als stärkster Widerstand auf, während sie in allen anderen Bereichen eine eher heilende Wirkung hat?

Wichtig ist, in diesem Zusammenhang anzumerken, dass laut Freud die Übertragung nicht ein Produkt und Resultat der Psychoanalyse, sondern der Neurose ist.

Warum tritt die Übertragung in der Psychoanalyse als Widerstand auf? Eine Vorbedingung für jede Psychoneurose, so meint Freud, sei eine Introversion der Libido. Der Anteil jener Libido, die sich im Bewusstsein befindet, wird reduziert, der unbewusste Teil wird dafür um dasselbe größer. Die Libido begibt sich in die Regression und belebt die Imagines des Kindesalters wieder. Ziel der Psychoanalyse ist, die unbewussten Teile dem Bewussten zugänglich zu machen. Jene Kräfte, die die Regression verursacht haben, leisten deshalb gegen die Analyse Widerstand.

Die Übertragung tritt an jener Stelle ein, wo es im Unbewussten einen deutlichen Widerstand gibt, so dass der nächste Einfall diesem Rechnung tragen und als Kompromiss zwischen dessen Anforderungen und denen der Forschungsarbeit auftreten muss. Eignet sich etwas aus dem Komplexstoff, auf den Therapeuten übertragen zu werden, tritt diese Übertragung auf. Diese ergibt den nächsten Einfall und kündigt sich an, indem Anzeichen eines Widerstands auftreten, z.B. eine Stockung.

Je mehr der Patient erkennt, dass Entstellungen des pathogenen Materials keinen Schutz gegen eine Aufdeckung bieten, desto mehr bedient er sich der Entstellung durch Übertragung. So müssen letztendlich alle Konflikte auf dem Gebiet der Übertragung ausgefochten werden.

Man kann die Verwendung der Übertragung als Widerstand nur verstehen, wenn man die Unterscheidung zwischen einer „positiven" und „negativen" Übertragung trifft. Bei der positiven Übertragung bringt der Patient dem Therapeuten zärtliche Gefühle entgegen, die negative ist von feindseligen Empfindungen dem Behandler gegenüber bestimmt. Freud weist darauf hin, dass die Psychoanalyse nachgewiesen hätte, dass die unbewussten Gefühlsregungen der positiven Übertragung auf erotische Quellen zurückgehen würden. Daraus schließt er, dass alle Gefühlsbeziehungen des Lebens genetisch mit der Sexualität verknüpft sind.

Wird die Übertragung vom Therapeuten aufgehoben, indem er sie dem Patienten bewusst macht, werden lediglich die positiven und negativen Gefühlskomponenten von der Person des Behandlers abgelöst. Der unanstößige Teil bleibt vorhanden und ist eine gute Voraussetzung für einen Therapieerfolg.

Bei Neurotikern besteht eine Ambivalenz der Gefühle (positive und negative Gefühle) in relativ hohem Ausmaß. Dadurch haben sie keine Schwierigkeiten damit, ihre Übertragungen als Widerstand anzuwenden. Bei paranoiden Menschen z.B. ist die Übertragungsfähigkeit zum größten Teil negativ geworden. Aus diesem Grund kann hier kein Einfluss stattfinden, und eine Heilung ist nicht möglich, meint Freud.

4 Bemerkungen über die Übertragungsliebe

(vgl. FREUD 1915 (1914), S. 305-321)

Die Situation scheint klar zu sein: Während der Analyse bemerkt die Patientin, dass sie sich in den Analytiker verliebt hat. Bei näherer Betrachtung ist dieser Prozess nicht mehr so eindeutig und bedarf einer eingehenderen Betrachtung. In einer solchen Situation, meint Freud, wird der Behandler meinen, es gäbe nur zwei Möglichkeiten, wie diese heikle Angelegenheit ausgehen kann. Entweder der Arzt geht auf dieses Werben ein und die Beziehung kann ohne Schwierigkeiten ohne äußere Hindernisse vonstattengehen, was jedoch ein seltenerer Fall ist, oder die therapeutische Beziehung wird mitten in der Behandlung aufgelöst. Die dritte Möglichkeit, dass Analytiker und Patientin ihre Liebesbeziehung heimlich miteinander ausleben, ist laut Freud allein aus moralischen Gründen und aufgrund der Ärztewürde unmöglich.

Die Übertragungsliebe ist unvermeidbar, meint Freud. Wird die Therapie beim behandelnden Arzt aufgrund ihrer abgebrochen, ist das keine große Hilfe für die Patientin. Sobald sie zu einem anderen Arzt in Behandlung geht, wird ihr dasselbe passieren. Der Analytiker muss erkennen, dass die Übertragungsliebe durch die analytische Situation hervorgerufen wird. Besondere Attraktivität des Behandlers ist in diesem Fall nicht der ausschlaggebende Grund für eine solche Reaktion.

Freud lehnt die Einstellung mancher Analytiker entschieden ab, eine Therapie schneller vorwärts zu bringen, indem sie die Patientinnen auf das Eintreten der Übertragungsliebe vorbereiten und bestärken, sie sollten sich in den Therapeuten verlieben:

„Ich kann mir nicht leicht eine unsinnigere Technik vorstellen. Man raubt damit dem Phänomen den überzeugenden Charakter der Spontaneität und bereitet sich selbst schwer zu beseitigende Hindernisse" (ebd., S. 309).

Die Patientin ist von ihrer Liebe zum Therapeuten vollkommen eingenommen und will von nichts anderem mehr hören und sprechen. Sie möchte, dass ihre Zuneigung vom Arzt erwidert wird. Ihre Symptome verlieren für sie an Wichtigkeit und sie erklärt sich für vollständig gesund. Die analytische Situation wird dadurch vollkommen verändert. Der Arzt wird auf diesem Wege bald zu der Überlegung kommen, dass alles, was den Therapieverlauf behindert, ein Widerstand sein kann. So ist es auch bei der Übertragungsliebe, an der Widerstand einen großen Anteil hat.

„Man hatte ja die Anzeichen einer zärtlichen Übertragung bei der Patientin längst bemerkt und durfte ihre Gefügigkeit, ihr Eingehen auf die Erklärungen der Analyse, ihr ausgezeichnetes Verständnis und die hohe Intelligenz, die sie dabei erwies, gewiß auf Rechnung einer solchen Einstellung gegen den Arzt schreiben. Nun ist das alles wie weggefegt, die Kranke ist ganz einsichtslos geworden, sie scheint in ihrer Verliebtheit aufzugehen, und diese Wandlung ist ganz regelmäßig in einem Zeitpunkte aufgetreten, da man ihr gerade zumuten mußte, ein besonders peinliches und schwer verdrängtes Stück ihrer Lebensgeschichte zuzugestehen oder zu erinnern" (ebd., S. 310).

Laut Freud strebt die Patientin an, sich zu beweisen, wie unwiderstehlich sie ist. Sie versucht auf diese Weise, den Arzt zum Geliebten herabzusetzen, seine Autorität zu brechen. Der Analytiker soll auf die Probe gestellt werden, ob er dem Werben nachgibt. Würde er es tun, würde er von der Patientin grob zurechtgewiesen werden. Die verlangte Befriedigung muss in jedem Fall versagt werden. Durch eine Erwiderung der Gefühle der Patientin würde diese zwar ihr Ziel erreichen, der Therapeut aber nicht seines. Es wäre eine Niederlage für die analytische Behandlung. So hätte die Patientin die Erfüllung ihrer Wünsche erreicht. Sie hätte geschafft, etwas, das sie lediglich erinnert, zu wiederholen. Im weiteren Verlauf würde sie alle Hemmungen und pathologischen Reaktionen ihres Liebeslebens zum Vorschein bringen, ohne diese zu verändern.

Das Verlangen der Patientin, der Arzt solle ihre Liebe erwidern, darf vom Behandler weder gewährt noch unterdrückt werden. Er darf die Übertragungsliebe nicht vertreiben und sie der Patientin nicht verleiden. Die Übertragungsliebe wird festgehalten, aber als etwas Unwirkliches behandelt. So können der Patientin unbewusste Aspekte ihres Liebeslebens bewusst gemacht werden. Die Frage, ob es sich bei diesem Phänomen um etwas Echtes handelt, ist nicht leicht zu beantworten. Freud ist der Ansicht, dass die Übertragungsliebe etwas Echtes an sich hätte und in ihrer Qualität anderen Formen der Liebe in nichts nachstehen würde. Sie hat drei besondere Eigenschaften:

„Sie ist 1. durch die analytische Situation provoziert, 2. durch den diese Situation beherrschenden Widerstand in die Höhe getrieben, und 3., sie entbehrt in hohem Grade der Rücksicht auf die Realität, sie ist unkluger, unbekümmerter um ihre Konsequenzen, verblendeter in der Schätzung der geliebten Person, als

wir einer normalen Verliebtheit gerne zugestehen wollen. Wir dürfen aber nicht vergessen, daß gerade diese von der Norm abweichenden Züge das Wesentliche einer Verliebtheit ausmachen" (ebd., S. 317f.).

Der Analytiker darf aus der Übertragungsliebe keine persönlichen Vorteile ziehen. Es wird für den Arzt nicht immer leicht sein, sich an die Regeln der Psychoanalyse zu halten. Vor allem jungen Analytikern, meint Freud, werde nicht leichtfallen, der Geschlechtlichkeit nicht nachzugeben.

LITERATUR

FREUD, Sigmund (1912a): Ratschläge für den Arzt bei der psychoanalytischen Behandlung. In: Gesammelte Werke. 8. Band. Werke aus den Jahren 1909-1913. 7. Auflage. Frankfurt/Main 1978. S. 375-387.

FREUD, Sigmund (1912b): Zur Dynamik der Übertragung. In: Gesammelte Werke. 8. Band. Werke aus den Jahren 1909-1913. 7. Auflage. Frankfurt/Main 1978. S. 363-374.

FREUD, Sigmund (1913): Zur Einleitung der Behandlung. In: Gesammelte Werke. 8. Band. Werke aus den Jahren 1909-1913. 7. Auflage. Frankfurt/Main 1978. S. 454-478.

FREUD, Sigmund (1915) (1914): Bemerkungen über die Übertragungsliebe. In: Gesammelte Werke. 10. Band. Werke aus den Jahren 1913-1917. 5. Auflage. Frankfurt/Main 1969. S. 305-321.

Psychodrama: Ein universitäres Weihnachtsmärchen

Zu Beginn wurde ein kurzes Entspannungsprogramm durchgeführt. Der LV-Leiter forderte uns auf, die Augen zu schließen und uns vorzustellen, dass wir in der Vorweihnachtszeit das Uni-Gelände betreten. Wir sollten diese Eindrücke auf uns wirken lassen, uns entspannen und alle Sinneseindrücke genau wahrnehmen. Wir sollten uns vorstellen, dass wir die Uni-Aula betreten und was wir sehen, ob etwas Weihnachtliches, Besinnliches, oder nicht? Nach dieser kleinen Reise sollten wir geistig in den Unterrichtsraum zurückkehren.

Als nächster Schritt wurden leere weiße Blätter und Ölkreiden verteilt. Wir sollten die Eindrücke und Erlebnisse unserer Entspannungsreise aufzeichnen. Da zu wenige Blätter für die große Anzahl der Studierenden vorhanden waren, teilte ich mir mit einer Freundin ein Blatt. Meine Freundin hatte sich auf der Reise etwas weit anderes vorgestellt als ich und wir hatten Schwierigkeiten, beide Vorstellungen auf einem Blatt zu vereinen.

Dann wurden die Bänke zur Seite gestellt und mit ihnen ein Kreis gebildet. In die Mitte wurden, ebenfalls im Kreis, ein paar Sessel gestellt. Ein paar Studenten meldeten sich freiwillig, sich in den Kreis zu setzen und die Bilder, die sie gezeichnet hatten, zu besprechen. Dazu wurden die Zeichnungen auf den Boden gelegt, damit sie jeder sehen kann. Die Ergebnisse waren unterschiedlich: Eine Kollegin hatte einen hell erleuchteten und prächtig geschmückten Tannenbaum gezeichnet, jemand anderem war der starke Geruch, der an Weihnachten denken lässt, besonders aufgefallen. Andere Kollegen, die sich ebenfalls in den Kreis gesetzt hatten, beschrieben in ihren Bildern die oft inszenierte Idylle, die zu Weihnachten vermehrt auftaucht. Eine weitere Kollegin berichtete vom Glühweinstand, der im Winter vor der Uni aufgebaut wird und von der Musik, die ihr von dort entgegenklingt. Besonders angetan war sie von „Last Christmas". So wurden die verschiedensten Eindrücke, die auf den Bildern festgehalten wurden, ausgetauscht, während die nicht involvierten Studenten um die sitzende Gesprächsrunde herumstanden und mehr oder weniger angestrengt zuhörten.

Dann folgte eine kurze Pause, in der jene, die ihre Bilder erklärt hatten, in zwei Gruppen aufgeteilt wurden und jeweils eine kleine Theaterszene vorbereiten sollten, die darstellt, was jene Studenten auf ihren Zeichnungen festgehalten hatten. Derweil hatten die übrigen Leute die Möglichkeit, im Raum herumzugehen und sich die Bilder der anderen Kollegen anzusehen.

Spiel der 1. Gruppe: Zwei Kolleginnen betreten das Uni-Gebäude. Das Erste, was sie sehen, ist ein hell erleuchteter, wunderbar geschmückter Christbaum und das Gebäude ist von einem weihnachtlichen Duft erfüllt. Dazu wurden zwei Leute aus dem Publikum geholt, die den Christbaum verkörpern sollten, eine Kollegin aus dem Publikum stellte sich daneben und spielte ein Plakat. Eine weitere Kollegin verkörperte den weihnachtlichen Geruch.

Hinter dem leuchtenden Christbaum befanden sich drei Leute aus der Gruppe. Eine Kollegin hatte keine Beine, eine hatte keine Arme, und der Kollege hatte keinen Kopf. Die fehlenden Körperteile sollten ihnen ersetzt werden. Dazu wurden erneut Leute aus dem Publikum geholt. Eine Kollegin lieh die Beine, indem sie sich vor die „Beinlose" setzte, eine lieh ihre Arme jener, die keine hatte, indem sie sie an den Schultern festhielt und ein weiterer Kollege lieh dem „Kopflosen" seinen Kopf. So waren alle komplett.

Anschließend sollten die in das Spiel Involvierten berichten, wie sie sich in ihren Rollen gefühlt hätten. Jene, die den Christbaum, das Plakat und den weihnachtlichen Duft gemimt hatten, sagten, sie hätten sich in ihren Rollen wohlgefühlt, weil sie etwas Angenehmes, Schönes, Positives verkörperten. Jene, die Personen mit einem fehlenden Körperteil gespielt hatten, hatten sich zu Beginn hilflos gefühlt, fühlten sich aber weitaus besser und sicherer, nachdem sie ihre fehlenden Teile ersetzt bekommen hatten. Sie fühlten sich danach kompletter. Nur jener Kollege, der den Mensch ohne Kopf gespielt hatte, konnte zu seiner Rolle keine ausschweifende Stellungnahme abgeben, da er in seiner Rolle den Pullover über den Kopf gezogen und so vom Spiel nicht viel mitbekommen hatte. Die Nähe seines ersetzten Kopfes hatte er nicht spüren können, da jener Kollege, der ihm den Kopf geliehen hatte, hinter ihm kniete und ihn nicht berührte. Die Personen, die den unvollständigen Kollegen die fehlenden Gliedmaßen ersetzt hatten, fühlten sich in einer helfenden und unterstützenden Position, nur jener Kollege, der seinen Kopf geliehen hatte, konnte keine Beziehung zum kopflosen Kollegen herstellen.

Spiel der 2. Gruppe: Von mehreren Seiten kommen die Kollegen von der Kälte hinein ins Uni-Gebäude. Die Wärme ist ihnen angenehm und sie ziehen ihre Jacken aus. Eine Kollegin ergreift sofort die Initiative und versucht, Menschen in die weihnachtliche Harmonie zu integrieren, die normalerweise ausgegrenzt sind. Sie holt mehrere Leute aus dem Publikum, die Sandler, Kinder und Schwarze verkörpern. Damit holt sie Leute aus der Kälte ins warme Gebäude. Harmonie und Gemeinschaft sind beinah perfekt. Die Kollegin fordert die in den Kreis gebrachten Leute auf, sich auf den Boden zu setzen. Diese tun es. Dann sollen sich alle an den Händen fassen. Die Kollegin beginnt, das Lied „Last Christmas", von dem sie so begeistert gewesen war, anzustimmen. Als keiner der Gruppe mit einstimmt, hört sie mit dem Gesang auf. Alle Teilnehmer des Spiels sitzen im Kreis, halten einander an den Händen, und es wird andächtig, als jene Kollegin sagt, man solle daran denken, dass zu Weihnachten viele Menschen allein und verlassen sind, um die sich keiner kümmert. Das sollte einem vor allem zu Weihnachten, dem Fest der Liebe, bewusst werden.

Nachdem die Kollegin ganz und gar die Führung in der Gruppe übernommen hatte, gab es Teilnehmer am Gruppenspiel, die sich zu etwas genötigt fühlten, was sie nicht wollten, so zum Beispiel jene Leute, die aus dem Zuschauerraum herausgerissen und „freiwillig gezwungen" wurden, einen Sandler oder ein Kind zu verkörpern. Die meisten Mitspieler hatten in diesem Spiel nachempfunden, wie gekünstelt und inszeniert die Nächstenliebe und Besinnlichkeit zur Weihnachtszeit ist. An Randgruppen und Minderheiten in der Gesellschaft wird während des laufenden Jahres selten gedacht, zu Weihnachten gehört dazu, dass alle integriert werden. So ist die Idylle zur Weihnachtszeit, wie man im Spiel deutlich erkennen konnte, nur Schein. Dadurch machte das Spiel nachdenklich. Kollegen, die einen Sandler oder ein Kind spielten, empfanden die Nähe zu den anderen als zu extrem und sie fühlten sich in dieser Situation unwohl. Andererseits empfanden sie als positiv, dass sie eingeladen wurden, ins warme Gebäude zu kommen.

Das Publikum war von diesen Darbietungen ziemlich beeindruckt. Sie waren lebensnah und nicht nur lustig, sondern auch sozialkritisch und regten zum Nachdenken an. Ich war von der Gestaltung dieser Unterrichtsstunde fasziniert, allerdings dauerte sie mir zu lang, eine Stunde länger als gewöhnlich. Wahrscheinlich hätte man so ein umfangreiches Programm nicht in 90 Minuten abhandeln können, da allein die Nachbesprechungen viel Zeit in Anspruch nahmen.

Ich fand gut, dass die Darsteller der beiden Gruppen Stegreifspiele gemacht hatten, da spontane Handlungen lebendiger wirken als Wort für Wort auswendig gelernte Textpassagen. In dieser kurzen Vorbereitungszeit wäre das auch schwer möglich gewesen. In den Gruppen versuchte keiner, sich hervorzutun und die anderen an die Wand zu reden. So kam jeder auf seine eigene Weise zum Zug.

Die einzelnen Darbietungen hatten eine angemessene Länge, so dass man sich den Inhalt gut merken konnte und nicht ungeduldig oder gelangweilt auf die Uhr sehen musste, wann das Spiel endlich zu Ende wäre. Dazu kommt, dass der Inhalt der Spiele gut ausgedacht war.

Die Gestaltung dieser Unterrichtsstunde gefiel mir sehr gut. Man konnte anschaulich erleben, wie man von einer Entspannungsübung ausgehend verschiedene Aspekte zu Bildern und Rollenspielen verarbeiten kann, und man hatte Gelegenheit, über vieles nachzudenken, wie z.B. die gespielte Idylle zu Weihnachten. Man hatte die Möglichkeit, über bestimmte Gegebenheiten nachzudenken, und mancher ertappte sich vielleicht dabei, dass er sich bei jenem Spiel, das von gestellter Nächstenliebe handelte, betroffen fühlte.

Psychodrama: Fallbeispiel „Walter"

Zu Beginn der Lehrveranstaltung gab es eine inhaltliche Wiederholung über Aufbau und Ablauf einer **Psychodrama-Sitzung**. Der Therapeut sollte feststellen, welche Rolle er im Psychodrama des Patienten spielt (Vater, rivalisierender Bruder...). Eine Psychodrama-Sitzung läuft folgend ab:

1) Anwärmphase: Hier kommen die Teilnehmer miteinander in Kontakt. Sie sollen aus ihrem steifen Alltagsleben herauskommen.

2) Aktionsphase (Spielphase): Meist findet ein Protagonisten-Spiel statt. Was eine Person der Gruppe bewegt, wird in Szene gesetzt.

3) Integrationsphase: sollte ca. so lange wie die Aktionsphase sein. Es kommt zum Sharing (=emotionale Teilhabe der anderen am Protagonisten).

4) Die Situation wird von außen her betrachtet.

Setting: Die Gruppe sitzt im Kreis (6-10/12 Leute). Mehrere Requisiten sollen zur Verfügung stehen. Es gibt einen Leiter und meist einen Co-Leiter. Der Leiter wendet ein direktives Verfahren an. Das bedeutet, er greift ein und macht Vorschläge, z.B. einen Rollentausch zu machen oder wer wen spielen soll. Er soll möglichst viel spüren und sehen, was in der Gruppe emotional abläuft. Da kompliziert ist, alles auf einmal zu machen, gibt es meist einen Co-Leiter, der das Geschehen beobachtet. Der Leiter nimmt am Spiel nicht teil, der Co-Leiter nur in Ausnahmefällen.

Es ist wichtig, welche Übung man in der Anwärmphase machen lässt. Sie soll dem entsprechen, was der Leiter als Problem in der Gruppe vermutet. Zu Beginn macht man Kennenlernspiele. Im Anschluss muss man sich die Frage stellen, ob man ein Gruppen- oder ein Protagonisten-Spiel macht. Das hängt von der Situation ab. Der Therapeut muss spüren, ob das Thema des Protagonisten zum Gruppenthema passt. Der Protagonist soll ein Repräsentant der Gruppe werden. Deshalb sollte man keinen Protagonisten wählen, der ein absoluter Gegner des Psychodramas ist (Omega-Typ), da solche Leute den Therapeuten meist auflaufen lassen. Als Gruppenleiter muss man vorsichtig sein, wenn man derzeit dasselbe Problem wie der Protagonist zu bewältigen hat.

Einkleidetechnik: Man stellt sich hinter die Person, legt ihr die Hand auf die Schulter und gibt ihr Informationen über ihre Rolle.

Meist spielt der Protagonist sich selbst. Wird die Situation zu bedrohlich, wird ein Double genommen.

Spieltechniken:

1) Doppeln: Der Therapeut steht schräg hinter dem Protagonisten und spricht für ihn aus, wie sich der Protagonist fühlen könnte, ist also etwas wie eine „Gefühlshebamme". Das kann auch von einer Person aus der Gruppe gemacht werden. Der Doppelnde kann korrigiert werden, wenn die angesprochenen Gefühle nicht stimmen.

2) Rollentausch: Man spielt den Kontrahenten. Dabei werden jene Gefühle erlebt, die der Kontrahent in der Konfliktszene gehabt haben könnte. Dadurch kommt es zur Neuentdeckung des Anderen. Kinder verkleiden sich gern und üben bereits den Rollentausch, können es aber noch nicht richtig. Ein Rollentausch soll vermieden werden, wenn er zu bedrohlich erscheint. Oft gibt es noch unerledigte Geschäfte.

3) Spiegeln: Der Protagonist wird rückgespiegelt. Dabei muss man aufpassen, dass man ihn nicht kränkt. Es gibt spezielle Spiegelspiele.

4) Innerer Monolog

Nachbesprechung:

1) Sharing: ist sehr wichtig. Durch dieses bemerkt man, ob die anderen Mitglieder nahe beim Protagonisten sind.

2) Rollenfeedback: was die Mitspieler in ihrer Rolle erlebt haben.

<u>Identifikationsfeedback:</u> Woran aus meinem wirklichen Leben erinnert es mich? Das ist für die Mitspieler ähnlich wie das Sharing. Auch Gruppenmitglieder, die nicht mitgespielt haben, müssen am Sharing teilnehmen.

In der Rollenwahl steckt eine **Übertragung**. Ein Teilnehmer wählt eine Rolle, die er bewusst oder unbewusst gegenüber dem Protagonisten empfindet. Eine Rolle ist auf verschiedene Personen aufteilbar. Auch eine Übertragung auf den Therapeuten ist möglich.

Im Folgenden wurde uns das **Fallbeispiel „Walter"** nähergebracht. Ausgangspunkt dafür war ein Spiel der Protagonistin Barbara, in dem es um untröstliche Situationen ging. In diesem Spiel hatte Walter Barbaras Vater gespielt. Die Darsteller sollten sich wie zu einem Familienfoto aufstellen. Dabei stand Walter etwas abseits von den anderen. Er fühlte sich einsam, wollte gestützt und umarmt werden, wagte aber nicht, es zu sagen. Diese Haltung erinnerte ihn an seinen Vater, der nicht anders war. Sein Vater war Kriegsinvalide.

Walter erzählte zwei Träume:

1) Er wird von drei Männern mit abgesägten Schrotflinten grundlos angeschossen, was mit immensem Lärm einher geht. Geschosse fallen auf ihn. Walter wirft sich auf den Boden, um sich zu schützen, mit dem Gesicht zur Erde. Er weiß, dass ihm die Männer nur Angst machen, ihn aber nicht umbringen wollen.

2) Er wird von kleinen Männern verfolgt, die wie Mexikaner aussehen. Der Anführer ist ein Mann mit Glatze, der ihn hinrichten will. Dann kommt die Information, dass in einem Dorf eine Revolution wäre. So gehen die Männer dorthin, und Walter ist gerettet.

Der Name des Anführers fällt ihm nicht ein. Er kommt auf „Sanchez". Schließlich erwähnt er den Namen „Sancho Panza", assoziiert damit also etwas Lächerliches.

Der erste Traum wurde nachgestellt. Walter sagte sofort, dass er den zweiten Traum nicht spielen wolle. Um eine entspannte Situation herzustellen, wurde

Walter aufgefordert, sich hinzulegen und schlafend zu stellen. Er konnte das Geschehen beobachten und, wenn es ihm zu bedrohlich wird, die Augen schließen. Als Double suchte sich Walter eine Frau aus, da zu bedrohlich gewesen wäre, hätte er sich im Traum selbst gespielt. Zwei andere Mitglieder der Gruppe, Peter und Hartmut, sollten die Männer mit den abgesägten Schrotflinten spielen. Im Traum waren es drei Männer gewesen, Walter sagte aber, dass es im Spiel nur zwei sein sollten. Im Laufe des Spiels fiel immer wieder auf, dass Walter immer wieder etwas abhackte. Das Spiel begann. Lärm wurde erzeugt, ein Mitglied warf alle möglichen Dinge auf das Double, und die beiden Männer schossen. Das Double warf sich zu Boden wie Walter es beschrieben hatte.

Danach meinte Walter, der Lärm sei zu leise gewesen. Da stieg Peter aus. Er sagte, er fühle sich von Walter in etwas gedrängt, was er nicht möchte. Die Situation erinnerte ihn zu stark an seine Zeit beim Bundesheer, wo er ebenso in etwas gedrängt wurde, was er nicht wollte.

Bei der anschließenden Besprechung sagten Hartmut und Peter, sie hätten in ihren Rollen keine Aggression empfunden. Sie wären sich vorgekommen wie im Krieg. Jene Frau, die den Hagel geworfen hatte, hatte sich gefühlt, als würde sie Blumen auf ein Grab werfen und wusste nicht, ob darunter ein Mann oder eine Frau liegt. Die Frau, die das Double war, meinte, sie hätte sofort ihren Unterleib schützen wollen. Walter erinnerte sich dabei an seinen Vater und weinte. So war der Konflikt im Traum scheinbar ein Konflikt mit dem Vater. Schließlich wollte Walter, dass ihn Hartmut umarmt. Danach ging es ihm besser und er konnte wieder lachen.

In der Pause äußerte die Co-Leiterin die Vermutung, dass Walter Probleme habe, sein Bild vom Vater zu komplettieren. Das zeige sich daran, dass er nur einen statt beider Träume nachstellen und nur zwei statt drei Männer im Spiel einsetzen wollte. Walters Vater wurde im Krieg durch Granatensplitter verletzt.

Danach sollte sich Hartmut rechts von Walter setzen, hinter Walter saß der Leiter. Es wurde eine Phantasiereise gemacht. Walter stellte sich einen Stein vor, auf dem er sitzen kann. Er beschrieb die Latschen im Wald und ein paar

Gämsen kamen vor. Diese Naturvorstellung beruhigte ihn. Als die Co-Leiterin fragte, wer ihm entgegenkommen sollte, meinte er: „Niemand." Als sie ein weiteres Mal nachfragte, begann er zu weinen und sagte, er wisse, wer ihm entgegenkommt - sein Vater. Er wollte aber wieder zurück.

Er erzählte, dass sein Vater klein gewesen wäre und eine Glatze gehabt hätte. Walter wurde von einem Klienten erzählt, der ein ähnliches Problem hatte. Walter sagte, dass ihm eine Kräfteherausforderung gefalle, da er es mit dem Vater nie machen konnte. Er musste seinen Vater gegen den Spott der Leute im Dorf verteidigen. Er hatte dieselbe stolze Ablehnung wie sein Vater, der sich als Kriegsveteran nie von jemandem helfen lassen wollte. Er meinte, wenn der Vater keine Stütze hätte, dürfte er auch keine haben, den Vater zu viel über seine Kriegsverletzung zu fragen, könnte ihn verletzen. Walter träumte, dass er von einer Granate getroffen wird, um dem Vater nahe zu sein und herauszufinden, was damals geschah. Er ging amputierend mit sich um, z.B. sagte er, der Traum sei doch nicht so wichtig, die Gefühle seien wichtiger. Walter hatte einmal eine Unterleibsoperation und bemerkte nun, warum ihn das Thema Amputation so sehr beschäftigt. Die fehlende Identifizierung mit der Vatergestalt kommt später, wie in diesem Fall, zum Tragen.

Fallsucht (Epilepsie)

In der vorliegenden Arbeit setze ich mich mit der Fallsucht (Epilepsie) auseinander. Der Grund dafür ist, dass ich im Rahmen meines Studiums noch nicht viel über diese Krankheit gehört habe, da die meisten Lehrveranstaltungen auf Neurosen konzentriert sind. Im Folgenden lege ich zuerst eine Zusammenfassung über Epilepsie vor, indem ich rekapituliere, was in der Vorlesung besprochen wurde. Anschließend beschreibe ich einen Fall von Epilepsie aus meinem Bekanntenkreis.

Epilepsie ist eine Erkrankung, die sich zwischen einer psychotischen und neurologischen Krankheit befindet. Es kommt zu einem Dämmerzustand sowie zu halluzinatorischen Aussagen. Die Kenntnis über Epilepsie ist recht einseitig geworden. Jackson konnte aus epileptischen Anfällen die Lokalisation der Erregung feststellen. Nach ihm ist die Jackson-Epilepsie benannt.

Typischer Anfall:
1) Schlagartige Unterbrechung des Bewusstseins, Verlust des muskulösen Tonus. Dadurch sackt die Person zusammen und kann sich dabei verletzen.
2) Einsetzen der Gesamtinnovation sowohl jener Muskeln, die eine Bewegung verursachen als auch jener, die einer Bewegung entgegenwirken. Danach gibt es eine Innovation in beide Richtungen zugleich, was in normalem Zustand nicht möglich wäre. Durch diese Gegebenheit kommt es zu Zuckungen und Steifheit des Körpers. Die Gefühlskomponente setzt aus. Das bedeutet, es wird kein Schmerz empfunden. Die Anspannung ist so stark, dass man sich die Knochen brechen kann. Die Innovation erfolgt total. Dieser Zustand dauert etwa eine halbe Minute.
3) Schleuderfunktionen: Die Muskelbewegungen wechseln sich ab. Dieser Abschnitt des Anfalls wird als klonischer Krampfanfall bezeichnet. Es kommt zu Ausschlägen der Extremitäten und Wechselbewegungen für eine Dauer von ca. 2 Minuten.

4) Zustand der Benommenheit. Es löst sich langsam. Das dauert 5-10 Minuten. Für die Zeit des Anfalls gibt es einen Gedächtnisverlust.

Mögliche Anzeichen, dass ein Anfall kommen wird:
1) Kleine lokale Anfallszeichen
2) Missgefühle
3) Eingeschränktes Gesichtsfeld, sensorische Gesichtswahrnehmungen
4) Aura
5) Gefühl einer Kugel, die langsam vom Magen zum Mund aufsteigt

Kleiner Anfall: Es gibt kein Krampfgeschehen, nur ein Aussetzen des Bewusstseins. Kinder, die einen solchen Anfall mehrmals während einer Unterrichtsstunde erleben, bekommen vom Unterricht nichts mit. Mit Medikamenten kann die Anfallsschwelle erhöht werden.

Psychomotorische Anfälle: Es kommt zu keiner Vollausprägung der Krampfanfälle. Das Bewusstsein setzt nicht so rasch wieder ein und wird durch irgendwelche Bewusstseinsinhalte ausgefüllt (Dämmerzustand). Die Menschen handeln auch. Sie können in aggressive Gestimmtheit verfallen. Es gibt ein Gefühl der Erregung. Sie haben das Gefühl, etwas würde mit ihnen gemacht werden und meinen, sie müssten sich dagegen wehren. In diesem Zustand sind sie gefährlich und können gewalttätig werden. Sie sind nicht mehr gehemmt und setzen ihre Kräfte voll ein.

Dämmerzustand: kann auffällig oder unauffällig sein.
1) Die Person geht geradeaus in eine Richtung.
2) Sie stiehlt (eher selten). Der epileptische Dieb nimmt Dinge wahllos auf.
3) Sie setzt fort, was sie vorher gemacht hat, z.B. schreiben. Sie schreibt weiter, schreibt aber keine Buchstaben. Bewegungen werden autonomisiert.

Woher kommt die Epilepsie?

Sie tritt beim unreifen Gehirn auf. Deshalb taucht sie häufig im Kindesalter auf. Sie entsteht auch durch Narbenbildungen im Gehirn bei Kopfverletzungen. Die Schädelkapsel kann das Trauma ausgehalten haben. Dann sieht man es nicht. Bei stärkeren Stößen kann es zu Mikroblutungen kommen, wodurch Narben entstehen (z.B. durch das Niederschlagen beim Boxen). Diese Stöße können Voraussetzungen für Anfälle sein. Narben können auch durch Infektionskrankheiten des Gehirns entstehen. Eine Mittelohrentzündung kann durchbrechen und Narben im Gehirn hinterlassen. Durch die Narbenbildung kommt es zu einer Schwellung. Dann zieht sich die Narbe ein bisschen zusammen. Dadurch kann ein bestimmter Bereich eingeschnürt werden.

EEG: Das Gehirn hat einen einfachen Rhythmus von 10 Hertz (10 Schwingungen pro Minute). Die Anzahl der Schwingungen sagt etwas über den Gesamtzustand des Gehirns aus. Der Grundrhythmus ist der Alpha-Rhythmus. Die Beta-Rhythmen haben mit der Leistung zu tun. Sie treten in Aktion, wenn man sich mit etwas beschäftigt. Langsame Rhythmen, die als pathologisch erscheinen, liegen zwischen 3-4 und 7 Hertz. Sie deuten auf Ernährungsschwierigkeiten des Gehirns hin. Das kann durch die Einführung giftiger Stoffe und das Drosseln des Blutzuckerhaushaltes geschehen. Anfälle sind an bestimmte Übergangsfrequenzen gebunden. Es tritt als Störmuster auf, wenn in der Frequenz der sensorischen Beschäftigung Änderungen auftreten (z.B. Wechselspiel des Lichts). Als Übergangsphänomen tritt auf, dass das Licht nicht durchgehend, sondern flackernd erscheint. Die Flackergrenze liegt um 7/8 Hertz. An dieser Schwelle werden Epileptiker empfindlich und bekommen Anfälle. Wir hängen durch die sensorischen Organe mit der Umwelt zusammen.

Lokalisierte epileptische Anfälle: beschränken sich auf einen bestimmten Teil des Gehirns. Dann kann z.B. nur im linken Arm ein Krampf entstehen. Die Patienten verlieren das Bewusstsein nicht, sondern sind Beobachter ihres Krankheitsgeschehens.

Die Funktionen abgestorbener Zellen werden im Lauf der Zeit von anderen Zellen übernommen. Operationen sind nicht definitiv. Störungen treten nach ca. einem halben Jahr wieder auf. Eine Operation ist eher wirksam, wenn kleine

Blutungen aufgetreten sind. Bei einer Durchtrennung der Nervenstränge bilden sich im Lauf der Zeit neue Nervenstränge nach. In den Zentren entsteht etwas, das sich aus Aktivierung und Hemmung zusammensetzt (= Leistung). Aus einer Massenbewegung entsteht durch Hemmung eine kleinere Bewegung (z.B. Bewegen eines Fingers).

Therapie: Die Anfallsschwelle wird medikamentös gehoben. Der Reiz eines Anfalls ist, dass der Alpha-Rhythmus so dissynchron wird, dass er unrhythmisch wird. Der Anfall entsteht als neuer Rhythmusgeber. Eine epileptische Therapie muss gleichmäßig in selbem Ausmaß ein ganzes Leben lang genommen werden.

Folgeerscheinungen der Epilepsie: epileptische Demenz aufgrund der häufigen Anfälle, die wie leichte Gehirnerschütterungen wirken. Die epileptische Demenz hängt mit dem Disrhythmus zusammen und entsteht durch das Nichtzustandekommen eines Anfalls. Bei einem halbunterdrückten Anfall braucht die Person länger, um sich im vollen Bewusstsein zu sammeln. Dinge werden halb erinnert.

Status epilepticus: Ein Anfall schließt an den nächsten an, ohne dass es dazwischen zu Bewusstsein kommt. Das kann zu einem Gehirnödem führen.

Oberprotektiv betreutes Kind: ein Krankheitsbild, das nicht leicht zu definieren ist. Es tritt in Familien auf, in denen es Kinder gibt, die in irgendeiner Weise behindert sind. Wenn die Erwartung zu den Lebensvorgängen nicht stimmt, bleibt das Kind zurück und wird zu einem Störfaktor in der Familie. Die Familie spaltet sich hinsichtlich des behinderten Kindes. Die nichtbehinderten Kinder sind dafür, sich den Risiken des Lebens entgegenzustellen, Mutter und behindertes Kind stehen dagegen, weil das Kind das nicht schafft. Die Gruppe kann nicht schneller bewegt werden als das langsamste Glied ist. Auf behinderte Kinder entsteht Druck. Andererseits übt das behinderte Kind Druck auf die nichtbehinderten Kinder aus. Die Eltern werden gespalten. Einerseits sind sie für die nichtbehinderten Kinder, andererseits für das behinderte Kind. Die eine Gruppe geht ihre eigenen Wege, Mutter und Kind bleiben zurück. Die Einheit der Familie kann auf diese Weise zerbrechen. Manchmal ist das behinderte

Kind Grund für eine Scheidung von den Gesunden, oder die Familie sieht als ihre Aufgabe, sich um das behinderte Kind zu kümmern. Dadurch kommt es zu einer Fixierung der Rollen in der Familie und sie grenzt sich zur gesunden Außenwelt ab. Das bedeutet Behinderung der Freizügigkeit. Die aggressiven Kräfte spiegeln sich in der Familiendynamik wider.

Gruppen stellen eine Rangordnung auf. Eine Gruppe macht eine gemeinsame Bewegung, die in eine bestimmte Richtung führt. Der Person, die die Richtung vorgegeben hat, wird ein bestimmter Rang zuteil. Es entsteht ein Anspruch. Dass der Person der Rang zusteht, muss erst bestätigt werden. Eine Gruppe beginnt bei drei Personen:

Alpha: Anführer, der die Gruppe in eine bestimmte Richtung führt.

Gamma: Die, die folgen.

Omega: Der Letzte; der, der die entgegengesetzte Richtung vertritt, nimmt sie nicht so wichtig, zögert am meisten.

Ein behindertes Kind bremst die Bewegung in der Familie. Es wird versucht, das Zögern über Motivation der Sicherheit legitim zu machen. Das geschützte Kind wird in seiner kindlichen Vernunft beraubt. Als Wiedergutmachung für Verbote gibt es für das Kind Verwöhnungsangebote. In der Familie gibt es das Sicherheitsproblem als Problem der Familie. Es kommt zum Wegnehmen der eigenen Freiheit.

Dieses Faktum tauchte erstmals in der Beobachtung des epileptischen Kindes auf. Berufe müssen für Epileptiker abgesichert werden, dann können sie sogar Handwerksberufe erlernen. Der Versuch, ängstliches Verhalten der Eltern mit Vorschriften einzudämmen, hat wenig Wirkung. Pathologisch ist das Zwanghafte, die darüberstehende, fixierende Hemmung. In der inneren Bewegung fixiert sich die Familiengruppe. Das behinderte Kind ist nicht selbständig genug, um eine eigene Initiative zu bilden.

Die Dosierung der Medikamente soll im Optimum liegen. Der Psychiater sollte einen Kalender führen. Sind nach bestimmter Zeit die Anfälle immer noch häufig, wird die Dosis erhöht.

Ein praktischer Fall von Epilepsie:

Eine meiner Bekannten leidet an Epilepsie und ich war einmal dabei, als sie einen Anfall hatte. Sie sackte plötzlich zusammen. Dabei fiel sie zu Boden auf den Teppich, wobei sie sich zum Glück nicht verletzte. Dann kam es zu starken Zuckungen des Körpers und ihr Körper wirkte steif. Anschließend folgten die in der Vorlesung besprochenen Schleuderfunktionen, es kam zu Ausschlägen der Extremitäten und zu Wechselbewegungen. Nach ein paar Minuten kam der Zustand der Benommenheit. Als sich meine Bekannte einigermaßen gefangen hatte, wusste sie nicht, dass sie gerade einen Anfall erlitten hatte. Das Gedächtnis war für die Zeit des Anfalls gelöscht. Die Medikamenten-Dosis wurde erhöht, um die Anfallsschwelle zu erhöhen, heute hat sie ihre Krankheit einigermaßen im Griff.

Die Einheitsschulbewegung und Schulreformpläne in den 1920er-Jahren

Vorwort

Die Geschichte der Einheitsschulbewegung ist eine Geschichte, die ausschlag-gebend für die spätere Entwicklung von Schulreformplänen war. Zwar entstan-den Ende des 19. Jahrhunderts auch andere Strömungen, die das Schulwesen verbessern wollten, die Einheitsschulbewegung war aber mit Sicherheit eine der wichtigsten Bewegungen im deutschen Raum. Weiters gehe ich auf die Schulreformpläne in den 1920er-Jahren ein.

1. Die Einheitsschulbewegung

1.1 Einführung

Im 18. und 19. Jahrhundert trat der Gedanke auf, das Schul- und Bildungswe-sen zu vereinheitlichen. In den 1920er-Jahren traten diese Bestrebungen erst-mals unter dem Namen „Einheitsschulbewegung" auf. Dieser Bewegung ging es darum, Unterschiedlichkeiten und Trennungen im Schulwesen aufzuheben und einen stärkeren Zusammenschluss zu erzielen. Vor allem die Volksschul-lehrer traten dafür ein, die schulische Trennung nach Konfessionen zu beseiti-gen, die Vorschule durch eine gemeinsame Grundschule zu ersetzen und das gesamte Bildungssystem zu vereinheitlichen.

1.2 Die historischen Voraussetzungen

Die Wurzeln für die Einheitsschulbewegung sind in der Französischen Revolu-tion zu finden, da diese für die Gleichheit aller Menschen einstand. Diese Ein-stellung motivierte dazu, gegen die verschiedenen Formen des Unterrichts und die unterschiedlichen Schularten zu kämpfen. Man argumentierte wörtlich:

„Unterschiede in der Erziehung zu machen,...das heißt den Samen der Zwie-tracht ausstreuen, die heilige Gleichheit zerstören, sich den neuen Sitten entge-genstemmen und die Aristokratie der Reichen begünstigen...die Rasse der Be-sitzer muß mit den Söhnen des Handwerkers vermischt werden, daß sie sich daran gewöhnt, in allen Menschen Gleiche, Freunde und Bürger zu sehen, die alle die gleichen Rechte auf die Güter der Natur haben..." (1)

Der einzige Maßstab für eine Auslese sollten die Begabung und Leistung der Schüler sein. Vor allem Condorcet befasste sich damit, das Unterrichtswesen neu zu organisieren und plante dies bereits 1792.

1.3 Der Wunsch einer einheitlichen Schule in Deutschland

Am Beginn des 19. Jahrhunderts traten ein neuer Idealismus und nationale Bestrebungen in Deutschland auf, wodurch die Idee entstand, eine „Nationalschule" zu errichten. 1819 verfasste Süvern einen Gesetzesentwurf für das preußische Schulwesen. Dieser Entwurf wurde zwar nie Gesetz, war aber dennoch von weitreichender Wirkung. Hier hieß es zu Beginn von §2:

„Die öffentlichen allgemeinen Schulen sollen mit dem Staate und seinem Endzwecke in dem Verhältnisse stehen, daß sie, als Stamm und Mittelpunkt für die Jugenderziehung des Volks, die Grundlage der gesamten Nationalerziehung bilden..." (2)

Hier ging es um eine einheitliche Schule, die auf ein Ziel gerichtet und in ihrem geistigen Gehalt einheitlich ist. Die Gleichberechtigung der Schichten spielte keine wichtige Rolle. Schließlich forderten die Volksschullehrer die pädagogische Einheit aller Schularten und dass sich alle Lehrer zusammenschließen.

1848 kam es zur Gründerversammlung des Allgemeinen Deutschen Lehrervereins in Eisenach. Die Ziele waren, alle Lehrer Deutschlands zu verbrüdern und ein geordnetes Schul- und Erziehungswesen herzustellen und fortzubilden, um eine national-deutsche und sittlich-religiöse Volksbildung zu fördern.

Vor allem Adolf Diesterweg und Karl Friedrich Wilhelm Wander machten sich zu dieser Zeit einen Namen. Diesterweg vertrat vor allem die unteren Schichten und sagte der dominierenden Stellung des Gymnasiums den Kampf an. Beide Vertreter wirkten dabei mit, den Stand des Volksschullehrers zu verbessern und das Bewusstsein der inneren Einheit zu bestärken.

1.4 Die Aufhebung der Konfessionsschulen

Durch die Tatsache, dass die Kirche im Volksschulwesen stark dominierte, war diese Schule zu einer Bekenntnisschule geworden. Aus diesem Grund wurden in derselben Schule nur Kinder mit derselben Konfession unterrichtet. Dass die geistliche Schulaufsicht ab 1872 aufgehoben wurde, änderte daran wenig. Vor allem in Gebieten mit konfessionell gemischter Bevölkerung stiegen die Zweifel an solchen Konfessionsschulen, da dies dort zu unzweckmäßig kleinen Schulen führte. Man begann, sich Gedanken darüber zu machen, ob nicht besser wäre, Schüler die andere Konfession ebenso erfahren zu lassen, um sie zur Achtung vor der anderen Glaubenshaltung zu erziehen.

Dies führte zur Gründung einer „Simultanschule". In dieser Schule trafen beide Konfessionen aufeinander. 1906 definierte der Deutsche Lehrerverein auf seiner Versammlung in München, was unter dem Begriff „Simultanschule" zu verstehen sei:

„Unter Simultanschulen sind Bildungsanstalten zu verstehen, in denen Kinder aller Konfessionen gemeinsam unterrichtet werden, den Religionsunterricht jedoch nach Konfessionen getrennt erhalten. Die Zusammensetzung des Lehrkörpers an einer Simultanschule soll möglichst dem zahlenmäßigen Verhältnis der Konfessionen unter den Schulkindern entsprechen." (3)

Jene, die gegen diese Schulen eingestellt waren, blieben bei der Ansicht, dass die Aufhebung der Bekenntnisschule bedeute, dass die religiöse Erziehung gemindert werde.

1.5 Die Abschaffung der Vorschulen

Im 19. Jahrhundert waren in Preußen und den anderen norddeutschen Ländern sogenannte „Vorschulen" entstanden, die die Aufgabe hatten, vom ersten Schuljahr an Kinder, die für die Höhere Schule vorgesehen waren, in drei Jahren auf diese vorzubereiten. Parallel dazu benötigten die Kinder, die die Volksschule besuchten, vier Jahre, sofern sie überhaupt dafür infrage kamen, jemals auf die Höhere Schule zu gehen. Die Kinder der Vorschule stammten aus gebildeten Familien und besuchten nie die Volksschule, waren also schulisch von den anderen Kindern abgesondert.

Dagegen sprachen sich viele Volksschullehrer aus. Sie meinten, dadurch hätten die Kinder der Volksschule keine Möglichkeit, in die Höhere Schule zu gelangen. Weiters würden Arbeitsplätze von oft Ungeeigneten aus Vorschulen besetzt werden, die diese Schule nur aufgrund des Status ihrer Eltern besuchten. So wurde verlangt, die Vorschulen abzuschaffen. Alle Kinder sollten in die Volksschule gehen, für mindestens vier Jahre. Hier nannte man Österreich, die Schweiz und Bayern als Vorbilder, da diese Länder keine Vorschulen kannten.

Nachdem zu diesem Problem sehr gut argumentiert wurde, schaffte der Weimarer Staat die Vorschulen ab und machte die ersten vier Jahre der Volksschule für alle Kinder verpflichtend. Man wollte gleichzeitig den Stand der Volksschule heben, da sie eher als „Schule zweiter Güte" und „Armenschule" abgestempelt wurde.

1.6 Der Deutsche Lehrerverein und seine Vorstellungen

1914 versammelte sich der Deutsche Lehrerverein in Kiel. Diesmal stellte Georg Kerschensteiner zum Thema „Die nationale Einheitsschule" 18 Leitsätze auf. In diesen sprach er u.a. für die Schulgeldfreiheit für öffentliche Pflichtschulen. Ärmere Schüler sollten auch an weiterführenden Schulen kein Schulgeld zahlen müssen. Weiters stand er für den Schulbeginn nach vollendetem 6. Lebensjahr ein. Jedes Kind sollte nach Maßgabe seiner Veranlagung erzogen werden, die Wachstumsreife sollte ebenfalls berücksichtigt werden. Für Kerschensteiner bedeutete „Nationale Einheitsschule", dass das gesamte Schulwesen mit dem Geist der Staatsgesinnung durchdrungen wird, Organisation war für ihn weniger wichtig.

1.7 Johannes Tews und seine Ideen

Johannes Tews war der eigentliche Wortführer der Einheitsschulbewegung. Er kam aus Ostpommern und hatte an einer Volksschule unterrichtet. Dann wurde er Geschäftsführer der „Gesellschaft für Verbreitung und Volksbildung" und schrieb viele Schriften zu den Themen Volksschule, Erwachsenenbildung und besonders zur Einheitsschule. Er verlangte eine organische Gliederung der Einheitsschule und sie sollte ohne soziale und konfessionelle Trennung aufgebaut sein. Auch der Lehrerstand sollte einheitlich sein.

Tews wollte, dass das gesamte Schulwesen zusammengeschlossen wird. Als „Volksschule" bezeichnete er das gesamte Schulwesen. Für die einzelnen Schulen wollte er kennzeichnende Namen einführen, wie „Altsprachenschule", „Neusprachenschule" und „Deutsche Oberschule". Damit wollte er die alten Bezeichnungen wie Gymnasium und Realschule abschaffen. Weiters forderte er Elternbeiräte und Schulheime sollten eingerichtet werden. Die deutsche Volksschule sollte sich in Zweige gliedern:

„1. Kindergarten (vollendetes 3.-6. Lebensjahr)

2. Grundschule (voll. 6.-12. Lj.)

Hilfsschule (voll. 7.-12. bzw.14. Lj.)

3. Bürgerschule (voll. 12.-14. Lj.)

Mittelschule (voll. 12.-15. Lj.)

4. Berufsschule (voll. 14./15.-18. Lj.)

Oberschule (voll. 15.-18. Lj.)

Aufbauschule (voll. 14.-18./19. Lj.)

5. Hochschulen (Universitäten, technische usw. Hochschulen)

6. Das freie Fortbildungswesen für die einzelnen Berufe,

die Volkshochschule, Volksbüchereien

7. Pflegestätten für Wissenschaft, Kunst und gewerbliches Schaffen" (4)

Die Gegner der Einheitsschule sagten, dass eine Gleichmacherei eine allgemeine Niveausenkung der Schule bewirke. Jene, die zu Beginn der Einheitsschulbewegung für diese gekämpft hatten, fanden die Einheitsschule des Weimarer Staates nicht ihren Ideen entsprechend, da diese Teilreformen die Einheitsschule noch nicht verwirklichten.

1.8 Richerts Ziel

1920 kam ein Buch von M.d.L. Hans Richert mit dem Titel „Die deutsche Bildungseinheit und die höhere Schule" heraus. Hier ging Richert von der Kulturkritik aus und sprach von „Bildungsnot". Das hieß für ihn fehlende Einheit. Hauptkapitel lauteten u.a. „Die Bildung zur Einheit in der Religion", „Die Bildung zur sozialen Einheit" und „Die Bildung zur Einheit in der Kunst". Wichtig war für ihn die geistige Einheit mit dem Bildungsziel der „Deutschheit". Die Probleme der Organisation der Schule waren für ihn sekundär. Richert empfand als gefährlich, Schüler aus unteren Schichten in die höhere Schule zu ziehen, wenn die geistige Einheit nicht vorhanden ist.

In Richerts Buch wird deutlich, wie stark zu dieser Zeit die nationalen Bestrebungen waren. Schließlich wurde er ins Preußische Kultusministerium berufen und verfasste die „Richertschen Richtlinien", die die Grundlage für die Reform der Höheren Schule bildeten.

2. Neue Versuchsschulen und Schulreformpläne in den 1920er-Jahren

2.1 Einführung

1923 bis 1925 erschienen Werke über Schulversuche und Versuchsschulen von Franz Hilker, Fritz Karsen und Gustav Porger, die demonstrieren, wie sehr man darauf aus war, eine Schulreform praktisch durchzuführen. Hilker schrieb, die neuen Schulen müssten Keimzellen für die Umgestaltung des gesamten Schulwesens sein und forderte dazu die Unterstützung des Staates. Die Einheitsschule sollte nach Begabungen differenziert sein. Er verlangte Reformen, was das Prüfungswesen anbelangte, in der Lehrerbildung, in den Hochschulen und in der Sozialpädagogik. In seinen Schriften traten als neue Versuchsschulen vor allem die Lebensgemeinschaftsschulen, die Freien Waldorfschulen und die Jenaplanschule hervor. Im Weiteren wird in dieser Arbeit auf die Lebensgemeinschaftsschule näher eingegangen.

2.2 Die Lebensgemeinschaftsschulen

Die ersten Volksschulen, die es in Hamburg gab, waren von Lehrern wie Gläser, Reese, Jöde und Lottig beeinflusst. Sie bestanden in Dresden, Leipzig, Magdeburg, Gera, Essen, Frankfurt am Main und vor allem in Berlin. Als Gründer und Leiter der Aufbauschule in Berlin wurde Fritz Karsen populär. Seine Schule inkludierte die Volksschule und eine Höhere Schule. Er gründete das eigene Organ „Lebensgemeinschaftsschule, Mitteilungsblatt der Neuen Schulen in Deutschland". Diese Schule versuchte, einen gesellschaftlichen Auftrag zu erfüllen und erschien als eine Schule, die der demokratischen Staats- und Gesellschaftsform entsprach. Dementsprechend wies „Gemeinschaft" über die Schule hinaus auf die soziale Gemeinschaft, für die sie die entsprechende pädagogische Form darstellen sollte. Karsen bezeichnete seine Schule als „Schule der werdenden Gesellschaft". Ihre Hauptaufgabe lag auf dem Gebiet der Erziehung, ihre Hauptidee war die Gemeinschaft.

Ihr Gedanke der Gemeinschaft konzentrierte sich darauf, dass ihr Vorbild die „Einheitsschule" als Gesamtschule war, die Eltern mitbestimmen dürfen, die Lehrer geistig übereinstimmen und kollegial zusammenarbeiten sollen und ein gutes Verhältnis zwischen Lehrern und Schülern besteht. Weiters gab es eine Schulgemeinde, Schülerselbstverwaltung, eine Schülerzeitung und Schulfahrten. Der Frontalunterricht wurde beseitigt, der Gesamtunterricht, das Unterrichtsgespräch, die Formen der Arbeitsgemeinschaft, die Gruppenarbeit und die Kurse wurden aufgenommen. Ein Fachklassensystem wurde eingeführt, es gab Blockstunden und auf Benotungen und Nummernzeugnisse wurde verzichtet.

Karsen vereinigte mit den Gedanken der Arbeitsschule solche der Kunsterziehungsbewegung. Erlebnisniederschriften waren im Deutschunterricht besonders wichtig. Der Unterricht war sehr durch die Selbsttätigkeit der Schüler geprägt.

Die Schulbehörden von Berlin unterstützten diese Reformen. Die neuen Richtlinien hoben die Lehrpläne auf und die Planung wurde in die Hände der Schule und ihrer Arbeitsgruppen gelegt. Die allgemeinen Bildungsziele wurden auf der

Unterstufe nach vier Jahren, auf der oberen Stufe nach sechs und acht Jahren erfüllt. Stundenpläne gab es keine.

Diese Schulen waren ein Begriff für revolutionäre Schulreform. Sie wurden viel besucht, diskutiert und anerkannt, man sah sie aber auch aufgrund ihrer oft ideologischen Motivierungen und der Verflochtenheit ihrer pädagogischen Prinzipien mit politischen und weltanschaulichen Positionen als Gefahr für das deutsche Bildungswesen.

2.3 Der „Bund Entschiedener Schulreformer"

Der Bund wurde 1919 von Paul Oestreich gegründet, der ihn bis zu seiner Auflösung leitete. Oestreich wurde 1878 in Holberg geboren. Er studierte Mathematik und Naturwissenschaften, war Studienrat in Berlin und Abgeordneter im Stadtrat. Er war Mitarbeiter im Reformausschuss des Berliner Philologenvereins und in der Arbeitsgemeinschaft sozialdemokratischer Lehrer.

Dieser Bund wollte eine Verwirklichung der Pläne erreichen. Es ging vor allem um die „äußere" Schulreform. Einige Themen von Vorträgen des Bundes lauteten:

1921: Frauenbildung und Wirtschaftsreform, Pazifismus und Erziehung

1923: Die Produktionsschule

1927: Großstadt und Erziehung.

Der Bund vertrat Parolen wie Gemeinschaftssinn, Menschenachtung und brüderliches Denken. Man war gegen veraltete Unterrichtsinhalte und Verfahrensweisen. Der Ruf lautete: „Gegen die Schulreaktion! Für unsere Zukunft!" Die Einheitsschule sollte nicht starr geschlossen sein, sondern auf die Interessen und Begabungen der Schüler eingehen.

1922 wurde versucht, zur Schulstrafe neue Schulverordnungen zu veranlassen. Gleichzeitig gab Oestreich einen Sammelband „Strafanstalt oder Lebensschule" heraus, in dem 38 Autoren zur Problematik der Strafe Stellung nah-

men. Schließlich bekam Oestreich den Ehrendoktor der Universitäten Greifs-
wald und Berlin sowie den Titel „Verdienter Lehrer des Volkes" verliehen. 1950
schied er auf eigenen Wunsch aus und starb 1959.

Literatur

Ausgangsliteratur:

SCHEIBE, Wolfgang: Die Reformpädagogische Bewegung 1900-1932. Eine ein-
führende Darstellung. 10.Auflage. Beltz Verlag, Weinheim und Basel 1994, S.
255-271, 295-322.

Zitate:

(1): Aus dem Antifederaliste, Sept.93, Guill II nach Elisabeth Siegel: Das Wesen
der Revolutionspädagogik (= Göttinger Studien zur Pädagogik, 16), J. Beltz, Lan-
gensalza 1930, S. 64.

(2): §2 des Gesetzesentwurfes von Süvern, 1819

(3): Johannes Tews: Die deutsche Einheitsschule. Freie Bahn jedem Tüchtigen.
1916, S. 48.

(4): Flitner-Kudritzki II, 28 fg.

Berthold Otto und der Gesamtunterricht

Quelle: Klassiker der Pädagogik, 2. Band

Hrsg. von Hans Scheuerl, München: C.H. Beck, 1979, S. 127-139

Der Beitrag stammt von Jürgen Henningsen.

Berthold Otto wurde am 6. August 1859 in Bienowitz in Schlesien geboren. Seine Hauslehrerschule in Berlin-Lichterfelde wurde oft als freiheitlichste Schule der Welt bezeichnet. Otto verfasste über 50 Bücher und gründete die Zeitschrift „Der Hauslehrer", wodurch er, seine Ideen und seine Praxis bekannt wurden. Von Otto stammen die Begriffe **„Gesamtunterricht"** und **„Altersmundart"**, die ich genauer erläutern werde.

Berthold Otto machte sein Abitur in Schleswig und hatte ausgehend von Klassischer Philologie in Kiel und Berlin Verschiedenstes studiert, am intensivsten Psychologie bei Steinthal. 1882 trug Otto seinem Lehrer Paulsen ein Konzept über „Liberalismus als Volkstheorie" vor, wo er die Ansicht vertrat, der Staat solle nicht als Zwangsverband, sondern als Organismus geistig zusammenhängender Lebewesen dargestellt werden. Damit wurde er von seinem Professor abgeschmettert, denn zwischen dem, was Otto als Wissenschaft ansah und dem, was seine Universität als solche anerkannte, lagen Welten. So verließ er die Universität 1883 ohne Abschluss.

Otto ergriff den Beruf des Hauslehrers und übte diesen ein Jahr in Herne und drei Jahre in Berlin aus. 1887 lag das erste größere Buchmanuskript mit dem Titel „Beiträge zum Wissenschaftlichen des natürlichen Unterrichts" vor. Teile davon wurden später in der Zeitschrift „Die deutsche Schulreform" abgedruckt, das ganze Buch erschien erst 1901 unter dem Titel „Lehrgang der Zukunftsschule". Otto orientierte sich an Steinthals Trieblehre. Er sagte, dass ein Kind, das sprechen lernt, die Kategorien des Denkens nicht von außen aufnehmen könne. Es hätte sie unbewusst von Anfang an und würde sie instinktiv, triebhaft erlernen. Was vom Lernen der Sprache gilt, könne im Prinzip auf alles

Lernen übertragen werden. Dazu muss gesagt werden, dass das, was Otto während seiner Tätigkeit als Privatlehrer erfuhr und hier darstellt, zwar der Trieblehre Steinthals verpflichtet ist, tatsächlich jedoch etwas ganz anderes ist, nämlich Aufklärung wider Willen.

Berthold Otto hatte mehrere Kinder, von denen das jüngste, Helga, durch Ottos Werk „Von der Helga", das 1910 herauskam, literarisch bekannt wurde. Otto wurde Nachtredakteur beim „Hamburgischen Correspondenten", danach übernahm er den Posten des Schriftleiters beim Verlag Brockhaus in Leipzig. Sein erstes Buch „Die sozialdemokratische Gesellschaft. Was sie kann und was sie nicht kann" erschien 1893 anonym.

Otto unterrichtete seine Kinder selbst, wodurch er Probleme mit den Behörden bekam. Schließlich ließ man ihn gewähren.

1902 zog Otto nach Berlin-Lichterfelde, schrieb Bücher, hielt Vorträge und unterrichtete Kinder. Eines Tages tauchte unangemeldet der Schulrat auf und kontrollierte die pädagogischen Geschehnisse in Ottos Wohnung, worauf der Zirkel, der noch keine Schule war, verboten wurde. Durch seine Beziehungen zum Kultusministerium bat Otto, das Verbot aufzuheben, die untere Schulaufsicht blieb jedoch standhaft. Nach langem Rangeln wurde die Schule genehmigt und dem Kultusministerium direkt unterstellt.

Berthold Otto starb am 29. Juni 1933. Die Leitung der Schule übernahm daraufhin seine Tochter Irmgard nach langem Hin und Her trotz fehlender Examina.

Was ist für Berthold Ottos Unterricht charakteristisch?

Otto hatte erfahren, dass Kinder in Unterhaltungen beim Mittagessen weit besser und mehr lernten als durch Bücher oder in Schulstunden. So stellte er das Gespräch, den „geistigen Verkehr mit Kindern", in den Mittelpunkt alles Lehrens. Zu Beginn nannte er solche Gespräche Plauderstunde, später Gesamtunterricht. Fragen, Themen, Gegenstände wurden nicht danach ausgesucht, ob sie in ein Fach passten und auch nicht danach, ob sie zu einer Alters- oder

Klassenstufe oder zu einer Schulform passten oder in ein bereits begonnenes Pensum oder in einen Lehrplan als Fortsetzung gehörten. Gesprochen wurde über Dinge und Fragen des Alltags und der erfahrenen Umwelt der Kinder. Kinder der verschiedensten Altersgruppen sprachen miteinander und mit Erwachsenen. Der geistige Verkehr mit Kindern verzichtet auf dreierlei:

1) Gegenstände des Unterrichts werden nicht nach einer vorbedachten Reihenfolge und Auswahl arrangiert, sondern nach der situativen Gegebenheit. Es herrscht das Prinzip, bei der mitgebrachten Motivation einzusteigen und diese nicht erst im Interesse des fortlaufenden Lehrbuchtextes oder Pensums jeweils neu anzukurbeln.

2) Gegenstände des Unterrichts werden nicht entsprechend einer Phasengemäßheit oder psychischen Reife arrangiert.

3) Gegenstände des Unterrichts werden nicht gemäß dem Prinzip arrangiert, eines müsse systematisch dem anderen folgen, auf es aufbauen, es weiterführen.

Für Otto war die Schule ein Erkenntnisorgan des Volksgeistes. Er griff mit Vorliebe auf Wörter wie natürlich, spontan, triebmäßig, volkhaft und instinktiv zurück und formulierte gegen die Front eines mechanischen, unnatürlichen, lebensfremden und künstlichen Schulunterrichts. Er glaubte, das Kind würde fragen, weil ihm fehlt, was es braucht.

Prägnanter als Gesamtunterricht erfasst der Begriff Gelegenheitsunterricht das von Otto Praktizierte. In seiner Form des Unterrichts bewegt sich das Gespräch, zunächst die Jüngeren, dann die Älteren, dann die Erwachsenen einbeziehend, hin zu Einsichten in Sachverhalte und Verknüpfungen mit dem erworbenen Wissenszusammenhang der Gesprächsteilnehmer. Was geschieht, bestimmen überwiegend die Schüler.

Neben dem Begriff des Gesamtunterrichts ist für Berthold Ottos pädagogische Arbeit die Altersmundart der zweite zentrale Begriff. Otto und seine Freunde stellten Kompliziertes so vereinfacht dar, dass es Kinder lesen können und gern lesen. Alles wurde verstehbar gemacht, weder versimpelnd noch auf Randbereiche ausweichend. Im Kreis um Otto unterschied man zwischen der Altersmundart Achtjähriger und der Zwölfjähriger usw. Der Gedanke, dass in breiten Schichten des Volkes eine andere Altersmundart gesprochen werde als in der

Gebildetenschicht, spielte dabei mit. Otto und seine Freunde versuchten, sich auf Zielgruppen, die man verschiedenen Phasen von Sprachentwicklung zurechnete, einzustellen. Otto glaubte, Sprache wachse im Kind triebähnlich. Ein Beispiel, wie Otto einen Versuch machte, die Sprache Dreijähriger zu treffen:

„Und in den Kuhstall da gingen immer die Mädchen hinein, da nahmen sie Eimer mit und Schemel mit, und dann stellten sie den Schemel an die Kuh, und dann taten sie den Eimer unter das Euter, und dann haben sie immer die Kühe gemolken. Dann haben sie mit den Fingern die Milch aus dem Euter gezogen, daß die Milch runter in den Eimer floß. Und wenn der Eimer voll war, dann haben sie den Eimer ins Haus getragen, und dann haben sie ihn in den Keller getragen."

Nun muss man sich die Frage stellen, ob das Sprechsprache ist. Die tatsächliche Leistung bestand in einer Übersetzung aus einer Sprache, die Bücher und Bühnen füllte und die im Alltag niemand sprach, die man allenfalls schreiben konnte, in eine Sprache, die besser verstanden werden konnte, aber nicht Sprechsprache war.

Der Einfluss der Religion auf die Erziehungslehre
OTTO WILLMANNS

Einleitung

In der vorliegenden Arbeit setze ich mich mit der Fragestellung auseinander, wie die Religion auf die Erziehungslehre Otto Willmanns eingewirkt und sie beeinflusst hat. Dazu beschreibe ich zuerst den Güterbegriff im Sinne Willmanns, da hier bereits der Einfluss der Religion sichtbar wird. Anschließend gehe ich konkret darauf ein, wie Willmann die Religionslehre im erziehenden Unterricht sieht bzw. wie er sie sich vorstellt und ihre Wichtigkeit begründet. Als letzten Punkt führe ich eine Ausführung zu diesem Thema von Wolfgang Brezinka an und ende mit eigenen Schlussgedanken. Nachdem dieses Themengebiet sehr umfangreich ist, beschränke ich mich auf die wesentlichen Punkte.

1 Der Güterbegriff

(vgl. WILLMANN 1959)

Willmann unterscheidet drei verschiedene Arten von Gütern:

1) Materielle Güter: Sie bewirken die Arbeitsteilung und schaffen Berufsarten und Stände. Diese werden von der Staatsgewalt bestätigt und berichtigt, aber nicht erzeugt.

2) Geistig-sittliche Güter: Dazu gehören z.B. Sprache und Sitte. Sie schließen die Menschen einer Nation zusammen. Andere Güter wie Wissenschaft und Kunst umfassen auch andere Nationen und Staaten.

3) Spirituelle Güter des Glaubens: Diese sind für Willmann von größter Wichtigkeit, wie sich in seiner philosophischen Anschauung und seiner Erziehungslehre erkennen lässt. Sie greifen über Erdenwelt und Diesseits hinaus. Ihrer Kraft entstammen die Religionsgemeinschaften.

1.1 Der Güterbegriff als Bindeglied zwischen Individualem und Sozialem

Willmann meint, der Güterbegriff sei der Schlüssel für das Problem des Individualen und Sozialen, denn an den Gütern sucht der einzelne Mensch Anteil, ist auf diese Weise ihr Träger. Andererseits haben die Güter Gemeinschaften zu Trägern und werden von diesen erarbeitet, gestaltet, erhalten und überliefert. Güterbewegung vollzieht sich durch Tätigkeit des Individuums im Rahmen der Gesamtheit. Auch in das Landgut sind geistige Güter eingewachsen. Diesen sind spirituelle Güter angeschlossen. Als Beispiel erwähnt Willmann, dass auch die Gräber verstorbener Vorfahren ein Erbe seien. Ihre Sterbetage werden normalerweise im Bauernkalender eingetragen.

1.2 Die Wichtigkeit der Güter des Glaubens für die Gemüts- und Willensbildung

Das geschriebene göttliche Gesetz, wie man es aus dem Alten Testament kennt, greift laut Willmann von oben her in die Willensbildung ein. Es ist individuell, leitet gleichzeitig aber eine Gesamtheit, da es aus der Geschichte des Bundesvolkes spricht. Gottes Gebote sind mit seinen Taten gekoppelt. Die Gesetze zu erfüllen, ist gleichzeitig ein Gedenken an seine Taten. Willmann betont die Gerechtigkeit des Alten Testaments. Das höchste Gut ist der Gesetzgeber, nämlich Gott.

Als das Gute wird das angesehen, was das Gesetz vorschreibt. Damit schreibt es uns gleichzeitig vor, was ein Gut ist. Weiters wird der Begriff des religiösen Empfindens erwähnt. Darunter versteht Willmann *„... das Bewußtsein von der Bindung (religio) des Geschöpfes an den Schöpfer"* (WILLMANN 1959, S. 65). Diese Bindung wird durch das Gebot vollzogen. Als Hinordnung geschieht sie durch einen Drang der Seele, der einem Gut gilt. Es wird also ein bestimmtes Gut angestrebt, wodurch eine Bindung entsteht.

Alle Güter sowie alles, was gut ist, wird von der Gottheit abgeleitet. Durch das Opfer bringt der Mensch ein Gut dar, das auf gewisse Weise Gegengabe für jene Güter sein soll, die er bekommen hat. Hier tritt auch die Verschränkung eines Sinnenobjektes mit einem geistigen Gut hervor: Der Mensch bringt seine hingebende Andacht, auf der Seite Gottes gibt es den gewährten Segen.

Willmann ist der Ansicht, dass die Tatsache, dass in der Pädagogik der Güterbegriff ausfiel, das Verkennen der Kontinuität der Erziehungsarbeit mit sich gebracht hätte. Weiters geht er auf die Gemütsbildung ein. Gemütsbildung definiert er als *„... das Erzielen von Hingebung an die idealen Güter"* (ebd., S. 67). Diese wird durch Anregung von Gefühlen, Interessen, Teilnahme durchgeführt, muss aber in Einsicht und Verständnis gipfeln, fällt demnach also dem Unterricht zu.

Es wird erwähnt, dass die geistig-sittlichen Güter in der Religion gipfeln würden, also den Gütern des Glaubens. Diese sind:

1. Das höchste Gut ist Gott, das Maß aller Dinge.

2. Seine Werke, das ist das Schöne und Rechte, das realisiert wurde

3. Das darauf hingeordnete Organ des Menschengeistes

4. Dessen Erzeugnisse in der Wissenschaft und die Kunst

5. Freuden der Sinnenwelt, soweit sie rein und der höheren Bestimmung konform sind

Willmann schreibt weiter, dass alle Kultur mit der Religion begonnen hätte. Zu den Gütern des Volkes gehören deshalb nicht bloß Sprache und Sitte, sondern an höchster Stelle stehe sein Glaube. Es wäre reinster Vandalismus, das religiöse Element des Lebens und der Jugendbildung zu bekämpfen. Die Religion ist nicht nur der Abschluss der idealen Güter, sondern auch der Schlüssel zu ihrem Verständnis.

Die Güter, die wir für uns erbitten, sind:

1. Das ewige Leben = das Kommen des Reiches Gottes

2. Gerechtigkeit, durch die wir seinen Willen erfüllen

3. Der Bedarf des irdischen Lebens, des täglichen Brotes

Diesen Gütern stehen jene als Kontraste gegenüber, die zu vermeiden und zu fliehen sind:

1. Die Sünde

2. Die Versuchung

3. Vielgestaltiges Übel

Wichtig ist auch das Gebet des Herrn. Der Name Gottes ist ebenfalls ein Gut. Ein guter Name ist ein Gut auf dem Lebensweg. Auch ein Reich ist ein Gut. Die

Naturreiche weisen die Herrlichkeit der Schöpfung auf, die irdischen Reiche geben uns die Güter der geordneten Lebensgemeinschaft.

„Der Wille Gottes ist sein Gesetz, und das Gesetz ist ein Gut, weil es uns Halt und Erfüllung gewährt. Die himmlische Welt, die Gottes Willen vorbildlich für uns erfüllt, ist als Vorbild ein Gut; durch den Schutzengel werden uns geheimnisvoll übernatürliche Güter vermittelt. Ein sichtbares Gut ist das tägliche Brot, ein geistiges die Vergebung der Sünden, die den Seelenfrieden bedingt. Güter sind aber auch die Schutzwehren, welche die Versuchung und alles Übel fernhalten, vergleichbar den Türmen und Schanzen einer Burg" (ebd., S. 69).

Gebot und Gut verschränken sich laut Willmann ineinander. Sichtbare Güter sind auch das Gotteshaus, sein Schmuck und die heiligen Geräte sowie das Andachtsbuch. Gott ist Schöpfer, Heiland und erleuchtender Geist. Willmann kritisiert, dass dem Religionsunterricht die Möglichkeit abgeschnitten worden sei, auf andere Unterrichtsfächer zu wirken.

1.3 Spirituelle und geistige Güter als soziale Bindegewalten

Willmann gibt die Ansicht wieder, dass die Ausdehnung der Bildung auf das Volk miteinschließen müsse, dass eine Versittlichung stattfindet. Dies sei nur möglich, wenn die Religion wieder die grundlegende Stellung innehat. Das Volk kann demnach nur Anteil an den geistigen Gütern bekommen, wenn ihm die Güter des Glaubens wiedergegeben werden. Er erwähnt ebenfalls, dass die Einsicht verstärkt auftreten würde, dass die Religion ein positiver Inhalt ist. Er bezeichnet die Kirche als *„...Trägerin der Last der Geschichte während dreier Weltalter,..."* (ebd., S. 73).

2 Die Religionslehre im erziehenden Unterricht

Wie man aus dem vorigen Kapitel erkennen kann, war Otto Willmann vom katholischen Glauben und der dahinterstehenden Philosophie erfüllt, verbunden mit seiner ausführlichen Darstellung seines Güterbegriffs. So ist wenig verwunderlich, dass er vehement die Auffassung vertrat, Religionsunterricht sei in der Schule wichtig und unerlässlich.

„Mit einem weiten Blick läßt sich ja vergleichen, was uns die Religion erschauen läßt: ihre Glaubenswahrheiten schließen, den Bergen Gottes gleich, den Horizont ab; ihre Sittenlehre ist bestimmt, die Felder unserer Tätigkeit in Fruchtland zu verwandeln; ihre Geschichte gibt uns Ausblick auf die Generationen von den Anfängen bis zur Gegenwart herab. Sie wehrt es dem Blick, am Vordergrund zu kleben, wie ihn die Bedürfnisse der Gegenwart bilden, und auch hier blickt die Ferne ausweitend in den engsten Raum hinein:..." (ebd., S. 86).

Der Religionslehrer muss sich darüber im Klaren sein, dass ihm die Aufgabe obliegt, auf einer Hochwarte zu stehen. Diese Hochwarte, die Religion, gewährt in alle menschlichen Dinge Einblick von oben. Sie führt jene Aufgaben, die es im Leben zu bewältigen gilt, auf die Bestimmung für Zeit und Ewigkeit zurück und lässt somit die Bedingungen ihrer Lösung am vollständigsten überblicken. Dieselbe Aufgabe hat auch der Jugendunterricht.

Die Sittenlehre findet nur in der Religion einen Anker. Ein Ziel ist, dass die Jugend gottgefällig werden soll. Willmann meint auch, dass ohne das Gesetz der Liebe und die zehn Gebote das Gesetz entweder zu einem Monolog des Individuums oder zu einer Regelung werden würde, dem sich der Wille, der nach Autonomie strebt, entzieht. Der Begriff „untertan" wird entwertet, obwohl ihn das Evangelium in positivem Sinne verwendet. Die christliche Ethik ist alleiniger Besitzer des Güterbegriffes, in der modernen Moral habe sich dieser bereits verflüchtigt.

Die Güterwelt erhält eine Bindegewalt, wenn man sie von der Höhe der spirituellen Güter betrachten kann. Dann erscheint Erziehung und Bildung als geistige Güterbewegung. Der weite Blick vom religiösen Gesichtspunkt aus lässt erst das ganze Problem überblicken. Es liegen Impulse in der Religion, mit deren Hilfe sich bereits bei vorchristlichen Religionen eine Sprachkunde und exegetische Kunst entwickelten. Der Glaubensgehalt befruchtet das Denken, aus religiösen Überlegungen heraus entsteht die Philosophie. Mit der gottesdienstlichen Musik und Musiklehre entwickelt sich eine sakrale Baukunst, eine Tempelmathematik, eine Astrotheologie.

Daraus lässt sich erkennen, wie viel sich mithilfe der Religion entwickelt hat:

1. Sprachkunde: exegetische Theologie

2. Geschichte: historische Forschung wie biblische und Kirchengeschichte

3. Spekulation: rationale Theologie, aus der sich die christliche Philosophie entwickelte

4. Rechtskunde: kanonisches Recht

5. Gottesdienst: Symbolik und Liturgik sowie die darauf basierenden Künste

Durch den christlichen Grundgedanken wurde die Natur entgöttert und die Idee von Naturgesetzen gewonnen. Die christliche Religionslehre entwickelte ein System von Wissenschaften, das durch Theologie und Philosophie zusammengeschlossen wurde.

Willmann schreibt weiter, dass die Religionslehre für alle Schulstufen ein gemeinsames Lehrgut hätte. So scheint es, dass sie in jedem Fall einheitgebend ist. Sie umfasst den Unterricht, gestaltet das Lehrgeschäft organisch und bildet den Mittelpunkt des erziehenden Unterrichts.

3 Berührungen der Religionslehre mit anderen Lehrgebieten

Die Religionslehre, wie Willmann darlegt, steht nicht isoliert für sich allein, sondern berührt auch andere Lehrfächer. Damit will er wahrscheinlich aufzeigen, wie mannigfaltig gefächert sie ist, welche Gebiete sie zum Teil beeinflusst und welche Gemeinsamkeiten und Überschneidungen es gibt.

3.1 Muttersprache und Nationalliteratur

1. Die Bibelübersetzung des Goten Ulfilas ist das älteste germanische Buch.

2. Die Evangelienharmonien von Otfried und dem Heliandsänger bilden den Beginn der altdeutschen Literaturgeschichte.

3. In den nationalen Sagen kommen christliche Motive vor (z.B. Gralssage).

4. Christliches erscheint neben Volkstümlichem in Liedern und der Spruchweisheit.

5. Deutschen Wörtern wurde ein christlicher Stempel aufgedrückt.

6. Christliche Gedanken treten in deutschen Sprüchen und Redewendungen auf.

7. Christliche Elemente treten in literarischen Werken auf, z.B. bei Schiller.

Durch die Bibelübersetzungen bekam der Sprachschatz neues Material.

3.2 Altklassischer Unterricht

Mit ihm sind die Katholiken durch die Muttersprache der Kirche, Latein, verbunden. Der Schüler findet schnell heraus, dass sie eine Universalsprache ist. Im christlichen Unterricht wurde immer auf die Sinnsprüche der alten Autoren Wert gelegt, vor allem auf jene, die mit biblischen Aussprüchen übereinstimmen oder sich berühren. Auch das religiöse Element der Antike muss als Ganzes betrachtet werden: *„Die Alten waren gottesfürchtig, in ihrer Lebensbetätigung hatte die Religion eine höhere Stelle, als man gewöhnlich glaubt"* (ebd., S. 94).

1. Die Gedichte Homers drücken oftmals Gottesfurcht der Helden aus.

2. Herodots Frömmigkeit ist weit bekannt. Er berichtet über Ereignisse, die er auf das Wirken der Gottheit zurückführt.

3. Vergil verehrte die römische Theologie.

Die Religion der Alten stellte eine Grundlage ihres Lebens dar, ist jedoch keine ästhetische Religion.

3.3 Geschichtsunterricht

Die Religionslehre hat laut Willmann auch mit der Geschichte zu tun, nämlich mit der biblischen und der Kirchengeschichte. Das Interesse gilt vor allem der

Kulturgeschichte. Die Weltauffassung ist von der Gottesanschauung wesentlich bedingt. Der Glaube arbeitet am Weltbild mit. Die Kirche ist das größte Objekt der Geschichtsforschung. Der Religionslehrer kann sein Fach genetisch behandeln. Das heißt, er kann zeigen, wie ein bestehendes Resultat aus seinen Anfängen entstanden ist.

Die Religionslehre kann das Vergangene in das Licht der Gegenwart rücken und veranschaulichen:

1. Die Geschichte der Kirche ist in ihrem Leben niedergelegt.

2. Der Kalender umfasst die Erinnerung an alle Perioden.

3. Der Kultus und die Symbolik der Kirche erinnern an ihr Bestehen seit vielen Jahrhunderten.

4. Der Ort, wo Gottesdienste stattfinden, ist zugleich ein Museum, das Vergangenes zeigt.

Willmann kritisiert, dass manche die biblische Geschichte nur als Halbgeschichte gelten lassen wollen. Seiner Meinung nach kommt diese Ansicht zustande, weil sich die Kritiker nicht mit dem Gesamtwerk, sondern nur mit Ausschnitten, Fetzen und Bruchstücken der Bibel befasst haben. Eine andere Schwierigkeit ergibt sich dadurch, dass in Anbetracht der Kirchengeschichte der Protestantismus vom Katholizismus strikt getrennt werden muss.

3.4 Naturwissenschaften

Willmann bemerkt, dass eine undankbare Aufgabe sei, die Berührungen der Naturwissenschaften mit der Religionslehre ins Auge zu fassen. Er erwähnt, dass es zwischen diesen beiden Bereichen einen Dissens geben würde, was durch geschichtliche Umstände entstanden sei:

„Es war ein unseliges Zusammentreffen, daß in der Zeit des Aufschwungs der Naturwissenschaften im 16. und 17. Jahrhundert auf dem Boden der Philosophie und der Theologie Kämpfe tobten, welche die Naturforscher veranlaßten,

sich abseits anzubauen, d.h. darauf zu verzichten, den neuen Erkenntniszu-
wachs auf die alten bewährten Prinzipien zu beziehen. Die zur Umbildung
schreitende Physik entäußerte sich der Verbindung mit der Metaphysik, d.i. der
Prinzipienlehre, die den Forschern von den neologischen Wortführern als aris-
totelisch-scholastische Spitzfindigkeiten verekelt worden war" (ebd., S. 99).

Willmann ist sicher, dass die Religion den Fortschritt der Naturwissenschaften
nicht zu fürchten habe. Das Zentrum, so meint er, sei die Wahrheit, die von
jenem ausgeht, der die Aussage getätigt hat: *„Ich bin die Wahrheit und der Weg*
und das Leben" (ebd., S. 100). Damit will er sagen, dass die Wahrheit von Jesus,
Gott und somit von der Religion ausgeht.

4 Zusätzliche Informationen zur religiösen und philosophischen Einstellung Willmanns

Otto Willmann wurde als geistiger Führer der katholischen Erzieherschaft ge-
würdigt. Er wurde sehr stark vom christlichen Aristotelismus beeinflusst und
lehnte sich auch an Schleiermacher und Lorenz von Stein an, welche beide für
ein „Hineinbilden" des Individuums in die Gesellschaft einstanden, was sie als
Aufgabe der Erziehung ansahen. Die Lehren Platons und Aristoteles' hatten
durch Augustinus und Thomas von Aquin eine christliche Sinndeutung erfahren:

„Danach ist das Sein vom Logos, den Ideen Gottes, durchwaltet; alles ist Spiegel
und Gleichnis des Ewigen; alle Dinge weisen die Spur des Göttlichen auf und
über sich hinaus auf eine bleibend gültige Ordnung" (SCHOELEN 1959, S. 204).

1907 wurde der Verein für christliche Erziehungswissenschaft gegründet. Damit strebte Willmann einen Zusammenschluss aller katholischen Pädagogen
an. Auf diese Weise trug er manches zur Erneuerung des religiösen Lebens in
Deutschland bei. Als Willmanns Frau gestorben war, siedelte er 1910 nach Leit-
meritz. Dort brachte er seine letzten Lebensjahre in religiöser Vertiefung zu.

Zur Lehre von Aristoteles und Platon führte Willmann auch die Monadenlehre von Leibniz. Diese sieht Gott als Schöpfer, Ordner und Erhalter der Welt und verwurzelt die Ethik in die Metaphysik. Willmann war ein tief religiöser Mensch, ein „...*Wanderer zu Gott...*" (ebd., S. 210). Er sehnte sich nach dem Frieden Gottes. Aus seinem Gottesglauben schöpfte er Trost während seiner schweren Krankheit.

Die Idee von der „Immerwährenden Pädagogik" entspricht dem katholischen und universalen Denken Willmanns. Er war in Ehrfurcht vor der Tradition des Abendlandes. Er verkündete eine Ganzheitslehre. Er strebte nach einer Einheit der Wissenschaften und versuchte, alle neuen Forschungsergebnisse in das System der Erziehungswissenschaften einzubeziehen.

5 Darstellung und Kritik von Wolfgang Brezinka

Wolfgang Brezinkas Darstellung deckt sich teilweise mit jener von Eugen Schoelen, an die ich mich in Punkt 4 anlehnte. So führe ich hier nur Ergänzungen an, die bei Schoelen nicht vorkommen. Brezinka schreibt, dass Willmann zwischen 1870 und 1880 schrittweise zum katholischen Glauben seiner Kindheit zurückgefunden hätte. Wie bereits ausführlich dargelegt, hatte diese Einstellung zum Glauben weitreichende Auswirkungen auf seine Pädagogik. Willmann hatte sich mit zunehmendem Alter zu einem katholischen Weltanschauungsphilosophen gewandelt. Bereits, als er am zweiten Teil seiner Didaktik arbeitete, fokussierte sich sein Interesse immer stärker auf die Philosophie.

Unter Idealismus, schreibt Brezinka, verstand Willmann die „... *Weltanschauung, welche eine übersinnliche Ordnung der sinnlichen entgegenstellt*" (BREZINKA 1997, S. 160). Auf diese Weise kommt er zu ungünstigen Urteilen über Kant und seine Anhänger. Das hatte zur Folge, dass ihm viele seiner Fachgenossen nicht gerade positiv gegenüberstanden.

Wie bereits angeklungen ist, sah Willmann in den Naturwissenschaften einen Angriff gegen die katholische Lehre. Er war der Ansicht, dass sich nur jene Erziehungslehre zur Wissenschaft erhöhen könne, die dem Christentum konform ist. Sonst könne sie nicht weisheitsmäßig sein. Das Wesen der Erziehung sei hier reiner und vollkommener ausgeprägt. Es lag ihm daran, die Unhaltbarkeit jener Meinungen und Theorien nachzuweisen, die nicht mit dem Christentum übereinstimmen.

Brezinka meint weiter, dass das Bemühen um eine wissenschaftlich abgesicherte Christliche Pädagogik etwas gewesen sei, das der Katholizismus um die Jahrhundertwende gebraucht hätte.

„Die Wissenschaften galten dem fortschrittsgläubigen Zeitalter als höchste irdische Kulturgüter. Deshalb ist es verständlich, daß nach der freisinnigen Pädagogik nun auch die katholische unter dem Namen 'christliche' Pädagogik verbal zum Rang einer Wissenschaft erhoben worden ist, zumal die 'wissenschaftliche Pädagogik' des Vereins der Herbartianer und anderer Richtungen nach heutigem Verständnis nicht 'wissenschaftlicher' gewesen ist als die der Willmann-Anhänger" (ebd., S. 164).

Die katholischen Pädagogiker erweckten allein durch das Eigenschaftswort „christlich" den Verdacht der Unwissenschaftlichkeit. Die Propaganda für eine christliche Erziehungswissenschaft war für Willmann ein Rückschritt im Vergleich zur empirischen Erziehungswissenschaft, die er in jungen Jahren vertreten hatte. Willmann führte ab 1901 einen Werbefeldzug für die Gründung einer staatsfreien Katholischen Universität in Salzburg an, ein Erfolg trat jedoch nicht ein.

Im Alter bekämpfte er den individualistischen Liberalismus, den egalitären Kollektivismus der Sozialdemokratie und den Staatsabsolutismus der Hegel-Anhänger. Er selbst war konservativ im christlich-sozialen Sinne eingestellt. Sein starker Einsatz für die Kirche brachte ihm auf katholischer Seite eine begeisterte Gefolgschaft ein. Im liberalen und sozialen Lager wurde ihm eher Misstrauen und Ablehnung entgegengebracht.

Abschließend bringt Brezinka eine Kritik an:

„Sein Programm, die Pädagogik als 'glaubensförmige' Philosophie zu betreiben, hat trotz seiner verdienstvollen Beiträge zu ihm den Ausbau des Faches zu

einer empirischen Wissenschaft gehemmt. In der außer-katholischen pädago-
gischen Welt ist sein Werk zum Schaden für die Sache zu wenig ausgewertet
worden. Unter den katholischen Pädagogikern aber hat es einen unerleuchte-
ten Traditionalismus begünstigt und dazu beigetragen, daß jahrzehntelang die
Aufgaben, Methoden und Inhalte von Erziehungstheologie, Erziehungsphiloso-
phie und Praktischer Pädagogik mit denen der Erziehungswissenschaft ver-
wechselt worden sind" (ebd., S. 166).

6 Schlussworte

Der philosophische Hintergrund Otto Willmanns und seine daraus resultie-
rende Religionslehre sind für mich vom logischen Zusammenhang her nachvoll-
ziehbar. Er schafft, in der Philosophie und Glaubenslehre Aussagen und Deutungen zu finden bzw. zu interpretieren, um darzulegen, warum die Religion
wichtig und gut ist. Die Verherrlichung des Glaubens tritt in seinem gesamten
Werk auf, das ich behandelte. Sie wird stärker von vorn nach hinten. Willmann
tendiert dazu, die Religion über alles zu stellen. Im Kontext der damaligen Zeit
kann ich seine Einstellungen verstehen.

Literatur

Primärliteratur:

WILLMANN, Otto: Kleine pädagogische Schriften. Hrsg. von Joseph Antz und
Eugen Schoelen. (= Schöninghs Sammlung pädagogischer Schriften). Pader-
born 1959.

Sekundärliteratur:

BREZINKA, Wolfgang: Otto Willmann, der bedeutendste Pädagogiker des alten
Österreich. In: Geschichte und Gegenwart 16 (1997) 3, S. 147-166.

SCHOELEN, Eugen: Otto Willmann, der Künder der „Paedagogica perennis". In:
WILLMANN, Otto: Kleine pädagogische Schriften. Hrsg. von Joseph Antz und
Eugen Schoelen. (= Schöninghs Sammlung pädagogischer Schriften). Pader-
born 1959. S. 202-216.

Denkmäler und Gedenkstätten

Hubertus Adam schreibt in seinem Artikel „Denkmäler und ihre Funktionsweisen", Denkmäler seien dazu da, in den Menschen Erinnerungen an bestimmte Personen oder Ereignisse wachzuhalten, damit sie nicht vergessen werden. Bestimmte Geschehnisse sollen an spätere Generationen weitervermittelt werden. Denkmäler bestehen zumeist aus Materialien, die sehr beständig sind, z.B. Granit oder Bronze. Meist werden sie an Orten aufgestellt, wo man sie kaum übersehen kann.

Setzt man sich mit dem Begriff „Denkmal" auseinander, muss man, laut Kunsthistoriker Alois Riegl, zwischen einem „gewollten" und einem „ungewollten" Denkmal unterscheiden. Unter den Begriff der ungewollten Denkmäler fallen jene Monumente, die nicht mit dem Ziel errichtet wurden, an etwas zu erinnern. Man kann diese laut Riegl auch als „gewordene" Denkmäler bezeichnen. Sie wurden erst im Lauf der Zeit zu Denkmälern, da sie die Menschen an eine bestimmte Zeit und evtl. damit verbundene Ereignisse erinnern.

Im Gegensatz dazu steht das „gewollte" Denkmal. Dieses wurde bewusst aufgestellt, um an ein bestimmtes Ereignis oder eine bestimmte Person zu erinnern.

Ein Denkmal muss an einen Ort gebunden sein. Bewegliche Kunstwerke wie Bilder fallen also nicht unter den Begriff Denkmal, es sei denn, sie sind in den Zusammenhang eines Denkmals eingebunden. Denkmäler sind auch von „Kunst im öffentlichen Raum" wie Brunnen oder Statuen abzugrenzen, da diese keine bestimmten Personen zur Vorlage haben und nicht mittels Inschrift auf solche verweisen.

Das Denkmal wurde nach dem 2. Weltkrieg in Frage gestellt. Man meinte, es sei überholt und diene nur der Propaganda, doch seit Ende der 1970er-Jahre erlangte es erneut an stärkerem Interesse. Hubertus Adam stellt weiters die Überlegung an, dass jeder Mensch und jedes Ereignis denkmalwürdig wären, würde man den allgemeinen Geltungsanspruch außeracht lassen. Denkmäler werden meist zu einschneidenden historischen Anlässen aufgestellt, z.b. nach dem Fall der Berliner Mauer.

Jedes Denkmal hat eine bestimmte Botschaft, die durch unterschiedliche Zeichen ausgedrückt wird. Bestimmte Typen von Denkmälern können je nach ihrer Gestalt unterschieden werden, z.b. Reiterstandbild, Säule... Betrachtet man die Details eines solchen Monuments, hat man die Möglichkeit, den Anlass der Denkmalsetzung zu erfahren. Diese Details können u.a. die Kleidung, Symbole oder Inschriften sein.

Die Wirkung eines Denkmals ist von seinem Umraum bestimmt, dem, was bei seiner Betrachtung ebenfalls ins Blickfeld des Beobachters gerät. Befindet es sich an einer unglücklich gewählten Stelle, kann seine Wirkung verloren gehen. Der Standort, die Form und die gestalterischen Details werden von den Auftraggebern des Denkmals festgelegt. Diese finanzieren es auch. Der Einfluss der Künstler auf das Monument ist sehr beschränkt. Betrachtet man ein Denkmal, darf nicht vergessen werden, dass sich in diesem die Interpretation des Auftraggebers widerspiegelt. Das Denkmal fordert den Betrachter zu einer Erinnerungsleistung auf. Er soll dadurch Schlüsse für die Gegenwart ziehen. So hat jedes Denkmal eine politische Funktion.

Ein Denkmal kann nur wirken, wenn seine Zeichen und Symbole richtig verstanden werden. Deshalb müssen die Zeichen für jeden klar verständlich sein. Heutzutage wird Denkmälern bei weitem nicht mehr dieses öffentliche Interesse zuteil, welches sich die Setzer gewünscht hätten. Was bleibt, ist das Denkmal als Attraktion für Touristen. So wurde es von einem gewollten zu einem ungewollten Denkmal. Daraus ergibt sich, dass für ein traditionelles Denkmal schwer ist, einen zeitlich unbefristeten Geltungsanspruch zu besitzen. Ein Grund dafür ist, dass manche Zeichen, die auf Denkmälern dargestellt werden, für die nachfolgenden Generationen nicht mehr so klar verständlich sind.

In Zusammenhang mit Denkmälern und Erinnerung müssen die verschiedenen Gedächtnistypen erwähnt und erläutert werden:

1) **Individuelles Gedächtnis:** Diese Gedächtnisform ist lebendig, z.b. durch individuelle Erzählungen. Der Gedächtnisumfang umfasst ein Leben und der Träger dieses Gedächtnisses ist das einzelne Individuum bzw. seine eigene individuelle Erinnerung. Diese Form des Gedächtnisses findet man z.b. in einer Biographie und in Memoiren. Diese Form wird in der Biographieforschung verwendet. Damit beschäftigt sich die Gedächtnispsychologie.

2) **Kommunikatives Gedächtnis:** wird auch als „Alltagsgedächtnis" bezeichnet. Diese Gedächtnisform ist ebenfalls lebendig und kommt im sozialen Bereich, z.b. am Stammtisch, vor. Der Gedächtnisumfang umfasst drei Generationen, 80-90 Jahre. Die Träger dieses Gedächtnisses sind natürliche Gruppen wie z.b. der Familienclan. Der Gedächtnisort sind z.b. Zeitzeugengespräche. Hiermit beschäftigt sich die Psychoanalyse.

3) **Kulturelles Gedächtnis:** Diese Form des Gedächtnisses ist im Sozialen und Rituellen, wie z.b. einer Feier, lebendig. Der Gedächtnisumfang ist unbegrenzt, jedoch sozial begrenzt. Die Träger sind künstliche Gruppen wie Ethnien und Nationen. Gedächtnisort ist z.b. ein Denkmal und eine Gedenkstätte. Hiermit beschäftigt sich die Kulturwissenschaft sowie die Wissenssoziologie.

4) **Geschichte (künstliches Gedächtnis):** Diese Gedächtnisform ist geordnet. Es handelt sich um totes Material. In diesen Bereich fallen die Systematik und Theorie. Der Gedächtnisumfang ist unbegrenzt, aber materialbegrenzt. Der Träger ist die Wissenschaft, der Ort, wo dieses Gedächtnis auftritt, ist z.b. die Universität. Es wird in der Archivforschung verwendet. Damit beschäftigen sich Wissens"archäologie" und Wissens"genealogie".

Theorien und Ergebnisse der Sozialisationsforschung unter besonderer Berücksichtigung der schulischen Sozialisation

1 Michael-Sebastian Honig - Normative Implikationen der Kindheitsforschung

1.1 Das behandelte Feld und was der Autor beantworten will

Der Autor beschäftigt sich in seinem Beitrag mit der Kindheitsforschung. Er geht davon aus, dass die Kindheitsideale zwiespältig sind, da sie einerseits das Prinzip der Individualität generalisieren, andererseits eine scharfe Grenze zwischen „Kindheit" und „Erwachsenheit" ziehen. Der Autor will demonstrieren, dass die Kindheitsforschung eine theoretische Konzeption für diese Paradoxie braucht, wenn sie ihr Selbstverständnis und ihren Gegenstandsbereich eigenständig definieren will. Der Beitrag setzt sich für eine sozial-strukturell orientierte Kindheitsforschung ein, die die Kindheit als generationale Ordnung des Sozialen begreift.

Der erste Teil des Beitrags vertritt die These, dass durch die Verschränkung wissenschaftlicher und öffentlicher Diskussion zur Kindheit das Bild von der „Natur des Kindes" gestiftet wird. Der zweite Teil will aufzeigen, dass die Kindheitssemantik der Reformpädagogik heute die Debatten über Kindheit und Kinder bestimmt. Allerdings ist für den Autor fraglich, inwiefern sie auch in der Kindheitsforschung der Sozialwissenschaften virulent ist. Im dritten Teil sind die Entwicklungsperspektiven von Belang, die seiner Meinung nach davon abhängen, ob sie diesen Vorgang der Vergesellschaftung zum Gegenstand macht.

1.2 Wie ging der Autor vor, um sein Material zu finden und zu einem Ergebnis zu kommen?

Der Autor bezieht sich auf Literatur von bedeutenden Pädagogen wie z.B. Ellen Key und Jürgen Oelkers. Er zitiert aus ihren Schriften und formuliert seine eigenen Ansichten dazu bzw. ergänzt die pädagogischen Aussagen mit eigenem Wissen zu diesem Sachgebiet. Er kommt auf ein Ergebnis, indem er andere Autoren zitiert und seine Meinung dazu abgibt.

1.3 An wen wendet er sich? Welche Gruppen werden angesprochen?

Er wendet sich vor allem an jene, die in der Position von Erziehenden sind wie Eltern und Erzieher.

1.4 Darstellung von Ergebnissen

- Das Jahrhundert des Kindes: Der Autor findet Ellen Keys Aussagen über die Kindheit bis heute relevant, meint aber, dass die Kindzentriertheit allein keine Basis für eine sozialwissenschaftliche Theorie der Kindheit sei. Diese solle eher prüfen, inwiefern sie den Mythos erneuert und sich damit eine Analyse der sozialen Wirklichkeit von Kindern und Kindheit verbaut.

- Kinder als Akteure: Es eröffnet sich die Möglichkeit, das Handeln und die Perspektivität der Kinder in den Vordergrund zu rücken. Die Sozialisationsbedingungen haben sich im Laufe der Zeit, vor allem durch den Einfluss der Medien, verändert. Die Kinderkultur soll dem Kind als Person aus eigenem Recht Geltung verschaffen und es zumindest konzeptionell aus der Vormundschaft der Erwachsenen befreien. Die phänomenologische Kinderforschung begreift die Fremdheit, die den Erwachsenen in Form der Kinderwelt gegenübertritt, als einen lebensweltlichen, historischen und erfahrungsgebundenen Sachverhalt. Der Erfahrungsraum von Kindern ist auch ein Handlungsraum Erwachsener, die den Kindern Mittel zu ihrer Entwicklung beisteuern. Es bestehen Spannungen zwischen Re-Strukturierung und Individualisierung von Kindheit. Bei Kindern findet eine Selbst-Sozialisation durch den Umgang mit Gleichaltrigen statt, da sie von diesen nicht existentiell abhängig sind. So sind sie bei ihrem Entwicklungsprozess auch selbst aktiv.

- Kindheit als generationales Konstrukt: Die Machtverhältnisse der einzelnen Generationen haben sich geändert. Kinder sind eher Außenseiter, weil sie u.a. am Organisationsprinzip moderner Gesellschaften nicht teilhaben können. Kindheitsrhetorik ist ein Medium, in dem sich Problembezug herstellt und ist indifferent gegenüber der Vergesellschaftung von Kindheit. Im Kontext der Geschlechter- und Generationenordnung können Kinder nicht als Akteure, sondern als „Menschen in Beziehung" verstanden werden. Die Kindheit wird als Altersphase neu geschnitten. Kinder bestimmen den Lebenslauf und soziale Chancen von Erwachsenen. Daher eröffnet die Kindheit einen Blick auf eine Kindheitspolitik, die die Generationen- und Geschlechterverhältnisse sowie die gerechte Verteilung von Ressourcen zwischen den Generationen reguliert.

2 Ulrike Schmauch - Körperberührung unter Generalverdacht? Zur Skandalisierung und Tabuisierung von sexuellem Kindesmißbrauch

2.1 Das behandelte Feld und was die Autorin beantworten will

Die Autorin beschäftigt sich mit sexuellem Kindesmissbrauch. Sie will aufzeigen, dass dieses Thema in der Gesellschaft einerseits skandalisiert, andererseits tabuisiert wird. Weiters setzt sie sich mit dem Umgang mit körperlicher Berührung und dem veränderten Generationenverhältnis auseinander, mit dem ihrer Meinung nach die aktuelle „Missbrauchsdebatte" zusammenhängen könnte.

2.2 Wie ging die Autorin vor, um ihr Material zu finden und zu einem Ergebnis zu kommen?

Sie beruft sich zum Teil auf ihre eigenen Forschungsergebnisse im Bereich von sexuellem Missbrauch, verweist aber auch auf Aussagen anderer Forscher wie Leila Sebbar und Barbara Sichtermann. Erfahrungen sammelte sie durch die Organisation einer Veranstaltungsreihe zum Thema „Sexualität im Kulturvergleich", wo Referenten verschiedener Kulturen über den jeweiligen Umgang ihres Kulturkreises mit Erotik und Sexualität, Körperlichkeit und Geschlechterverhältnis sprachen.

2.3 An wen wendet sie sich? Welche Gruppen werden angesprochen?

Die Autorin spricht allem Anschein nach die Eltern und jene an, die sich intensiver mit Kindern beschäftigen. Genau kommt das nicht heraus.

2.4 Darstellung von Ergebnissen

- **Skandalisierung:** Skandalisierung geschieht mittels der Massenmedien, aber auch im feministischen Diskurs. Dazu kommt die Literatur über Missbrauch und Missbrauchsopfer. Auf der fachlichen Ebene gibt es Veranstaltungen zum Thema sexueller Missbrauch sowie Fortbildungs-, Beratungs- und Supervisionsangebote. Auch Gruppierungen wie Missbrauchsopfer und des Missbrauchs Beschuldigte befassen sich mit diesem Thema. Die Bevölkerung wird entlastet, indem sie sich bewusst mit dem kollektiven strafenden Über-Ich identifiziert, sich aber unbewusst auch mit dem Täter identifiziert und auf diese Weise heimlich an der Tat teilnimmt und sich damit befriedigt.

- **Tabuisierung:** Hier besteht das Risiko der falschen Verdächtigung. Über sexuellen Missbrauch zu reden, ist noch ein Tabuthema, was zum Teil damit zusammenhängen könnte, dass Kinder in gewissem Alter wahrscheinlich nicht unterscheiden können, wenn eine Person, die positive Erfahrungen mit sich bringt, auch Schmerz zufügt, weshalb sie ihnen trotz des Missbrauchs verbunden bleiben.

- **Berührung:** In unserer Kultur tritt eine größere Vermeidung körperlicher Nähe auf, besonders in der frühen Kindheit und in gleichgeschlechtlichen Beziehungen. Zwischen Mutter und Sohn entsteht eine starke Bindung, die u.a. durch das Wechseln von der Mutterbrust zur Flasche unterbrochen wird.

- **Wandel der Eltern-Kind-Beziehungen:** Kinder finden heute größere Beachtung, und die Erwachsenen verhalten sich ihnen gegenüber meist weniger distanziert und autoritär. Oft werden die Rollen getauscht und das Kind wird zum Anlehnungsobjekt. Eine Theorie über Pädophilie besagt, dass die Betroffenen ihr Erwachsensein leugnen, ihren Kindern das Kindsein neiden und sie durch den Missbrauch der notwendigen Generationendifferenz mit dem dazugehörigen Freiraum der Entwicklung berauben.

- **Zusammenhang zwischen skandalisiertem und tabuisiertem sexuellen Kindesmissbrauch:** Die Autorin ist der Ansicht, dass das öffentlich gezeigte Einreißen der Inzestschranke eventuell für das Einreißen der Generationsschranke stehen würde. Im Bereich des Sexuellen wird also etwas thematisiert, was diesem Bereich nicht entstammt. Es wäre möglich, dass in der ständigen öffentlichen Thematisierung der sexuell-aggressiven Bemächtigung von Kindern ein Stück sexualisierter Kinderhass zum Ausdruck kommt, nämlich unser eigener. Missbrauch könnte darin verwurzelt liegen, dass Erwachsene Wünsche nach Nähe und Berührung haben.

Literatur

Zeitschrift für Sozialisationsforschung und Erziehungssoziologie. 16. Jahrgang, 1996.

Behandelte Beiträge:

HONIG, Michael-Sebastian: Normative Implikationen der Kindheitsforschung, S. 9-21

SCHMAUCH, Ulrike: Körperberührung unter Generalverdacht? Zur Skandalisierung und Tabuisierung von sexuellem Kindesmißbrauch, S. 284-307

„GHETTO SHANGHAI" von Evelyn Pike Rubin.

Ein autobiographisches Zeugnis jüdischer Flüchtlinge in China

VORWORT

Über jüdische Flüchtlinge in China gibt es nur spärlich Literatur. Mir fiel ein Buch mit dem Titel „GHETTO SHANGHAI" von Evelyn Pike Rubin in die Hand, welches ich in dieser Seminararbeit behandeln möchte. Die Autorin erzählt hier in autobiographischer Form. Sie beginnt mit ihrer Kindheit in Schlesien und der Machtübernahme Hitlers in Deutschland, die sie und ihre Eltern zur Flucht zwang, da sie Juden waren. Den Hauptteil des Buches bildet die Zeit in Shanghai, mit all ihren Höhen und Tiefen. Die Autorin verbrachte dort ihre Kindheit von 1939-1947. Dieser Lebensabschnitt wird sehr ausführlich dargelegt und gibt auch Außenstehenden einen realistischen Einblick in das Leben von damals, als Fremder in einem fremden Land. Die Zeit danach in Amerika und Europa bilden den Abschluss der Lebensgeschichte, ebenso berichtet die Autorin über die damaligen historischen Gegebenheiten.

Ich behielt die Kapiteleinteilung der Autorin bei und übersetzte die Überschriften ins Deutsche, da auf diese Weise der beste Überblick gewährleistet ist. Die Zitate übernahm ich auf Englisch original. Nachdem alle Zitate aus demselben Buch stammen, führe ich bei jedem zur Wiederfindung im Originaltext nur die Seitenzahl an.

1 Der Anfang vom Ende (1930 - 1939)

Die Autorin wurde als Eveline Popielarz am 31. Juli 1930 in Breslau (Schlesien) geboren. Ihre Eltern Erika und Benno waren Juden und hatten durch ihr Geschäft, in dem sie gemeinsam arbeiteten, einen gewissen Wohlstand erreicht. Evelines Vater hatte sich im Ersten Weltkrieg in der deutschen Armee verdient gemacht und für seine Verdienste das Eiserne Kreuz verliehen bekommen.

Als der Einfluss Adolf Hitlers in Deutschland immer größer wurde, begannen die ersten jüdischen Verwandten der Familie zu emigrieren. Evelines Vater fand zu dieser Zeit nicht notwendig, das Land zu verlassen, da er davon überzeugt war, dass sich Hitler nicht lange an der Macht halten würde. Die Deutschen wären bestimmt nicht so dumm, sich ihm anzuschließen und seine Behauptungen über Juden zu glauben:

„'Oh, nonsense', Vati scoffed. ' This madman cannot last! We are living in the most civilized, in the most cultured country on earth. The German people will never let it happen. Let's just wait it out'" (S. 12).

Die nachfolgenden Jahre ließen Gewissheit werden, dass er sich geirrt hatte. Einige Juden emigrierten nach Palästina, ein Onkel ging nach Paris.

In der darauffolgenden Zeit nahm der Antisemitismus rapide zu. Eveline entging vielen Problemen, da sie nicht wie ein typisch jüdisches Mädchen aussah. Durch ihre blonden Haare und blauen Augen wurde sie von vielen für eine Arierin gehalten. In ihrem Buch berichtet sie, dass sie im Schwimmunterricht als kleines Kind bereits den deutschen Erziehungsstil bemerkt hätte: Man muss ohne Fragen gehorchen und alle Regeln befolgen (vgl. S. 29). Bald konnte man vor dem Schwimmbad und dem Eislaufplatz Schilder mit der Aufschrift *„Juden unerwünscht"* (ebd.) sehen.

Die Situation der Juden wurde immer dramatischer. Ihre Reisegrundrechte wurden außer Kraft gesetzt, wodurch sie keine Befähigung hatten, auszureisen. Auf den Pass jedes Juden wurde ein großes rotes „J" gestempelt. Sie bekamen einen Zweitnamen. Jüdische Frauen hießen zu ihrem Vornamen noch zusätzlich Sara, jüdische Männer Israel. So trug die Autorin nun den Namen Eveline Sara Popielarz. Nach den Nürnberger Gesetzen durften jüdische Kinder keine öffentlichen Schulen mehr besuchen. Eveline war eine Ausnahme, da sie das Kind eines Kriegsveteranen war. Sie besuchte eine private jüdische Schule (Wohlschule). Hitler verbot das Unterrichten der englischen Sprache, nur Deutsch durfte gelehrt werden. Lediglich der Religionsunterricht in der jüdischen Schule inkludierte Hebräisch. Die jüdischen Lehrer emigrierten nach der Reihe wie die meisten Schüler.

Schließlich wurde die freiwillige Rentenversicherung für Selbständige eingefroren. Evelines Mutter konnte so weder etwas einzahlen noch Geld abheben. Mit der Lebensversicherung der Juden geschah dasselbe. Juden durften keine Feuerwaffen besitzen, was strengstens von der Gestapo kontrolliert wurde. Im Frühling 1936 fanden es Evelines Eltern an der Zeit, Deutschland zu verlassen. Mit dem Geschäft ging es abwärts, einerseits, weil viele ihrer Verkäufer emigrierten, andererseits, weil die Leute bei Juden nichts mehr kaufen wollten. Juden durften nicht mit dem Hitlergruß grüßen. Ihnen wurde für alle Missstände die Schuld in die Schuhe geschoben.

Ab 1937 durften in jüdischen Haushalten keine arischen Frauen, die jünger als 45 Jahre sind, arbeiten, da behauptet wurde, der jüdische Mann sei ein potentieller Verführer der arischen Frau. Ein Verkehren miteinander wäre ein unverzeihliches Vergehen und wurde als „Rassenschande" verurteilt. So musste das arische Hausmädchen Martha die Familie Popielarz verlassen. 1938 mussten alle Juden ihre Wertgegenstände an die Nazis abgeben. Nur ein Stück durfte sich jeder behalten. Evelines Vater schrieb an die Hebrew Immigrant Aid Society (HIAS) in New York. Diese sollte helfen, von seiner in Amerika lebenden Tante eine beeidigte Erklärung zu bekommen, damit sie dorthin emigrieren können. Das amerikanische Konsulat gab Bescheid, dass die Familie aufgrund komplizierter Gegebenheiten sehr lange auf ein Visum warten müsse:

„My parents discovered, to their chagrin, that the American quota system, established in 1921, was based on the status of one's birth place from that year on. Because Poznan had become a part of Poland in 1919, Vati and his family, for purposes of immigration to the United States, were placed on the small Polish quota. Had we been on the German quota, we could have left almost immediately" (S. 48).

Die Familie erfuhr, dass Shanghai (China) jüdische Flüchtlinge aufnehmen würde. Im November 1938 kam es zur Kristallnacht. Das war der Anfang vom Ende des europäischen Judentums. Man sah brennende Synagogen und Juden wurden massenweise verhaftet und in Konzentrationslager gebracht. Jeder Jude, der sich auf der Straße befand, wurde verhaftet. Auch Evelines Vater wurde verhaftet und nach Buchenwald gebracht. Nach fast einem Monat wurde er freigelassen, weil er nachweisen konnte, dass er als Veteran im 1. Weltkrieg ein Eisernes Kreuz verliehen bekommen hatte. Er wurde dazu verpflichtet, Deutschland innerhalb von zwei Monaten zu verlassen.

Evelines Mutter hatte bereits drei Tickets für ein Schiff nach Shanghai organisiert. 1939 kam der große Aufbruch. Zuerst etliche Impfungen gegen tropische Krankheiten. Ohne Gesundheitsbestätigung des Arztes gab es kein Ausreisevisum. Von Breslau aus trat Familie Popielarz ihre lange Reise an. Zuerst mit dem Zug nach Neapel, von dort aus eine Schiffsreise nach China, die einen Monat dauerte. Am 13. März 1939 landeten sie endlich am Ziel - im Hafen von Shanghai.

2 Ein neues Leben (1939-1943)

Zu Beginn dieses Kapitels beschreibt die Autorin Shanghai. In dieser Stadt lebten 1939 ungefähr vier Millionen Chinesen und 100.000 Fremde, die aus allen Teilen der Welt kamen. Hauptsächlich handelte es sich um Briten, Franzosen, Amerikaner, Russen, Inder, Japaner und Deutsche. Es gab zwei jüdische Gemeinden - die Sephardim (Bagdadjuden) und die Ashkenazim (russische Juden). Die Stadt war in Sektoren aufgeteilt, in denen bestimmte Bevölkerungsgruppen lebten. Japan lag bereits längere Zeit mit China in Feindschaft, 1937 war ein Krieg ausgebrochen, in dem auch Shanghai heftig bombardiert worden war. Die Japaner hatten die wirkliche Macht in Shanghai.

Durch die mangelnde Hygiene herrschten in China Krankheiten wie Typhus, Cholera und Malaria. Gegen manche waren die Einheimischen immun, Europäern machten sie, kombiniert mit dem ungewohnten subtropischen Klima, schwer zu schaffen. Wasser, Obst und Gemüse mussten über dem Siedepunkt gekocht werden, um die Bakterien abzutöten. In den Wohnungen gab es Ungeziefer wie Läuse und Moskitos, sogar Ratten lebten in den Häusern.

In der Anfangszeit kam Familie Popielarz bei Verwandten im Sektor French Concession unter. Die Verwandten siedelten bald nach Amerika, und Evelines Familie zog in eine neue Wohnung. Der Vater öffnete ein Geschäft für Schreibmaschinen und Bürogeräte, in dem die Mutter mitarbeitete.

Eveline konnte nach langer Zeit wieder eine Schule besuchen. Diesmal war es die Shanghai Jewish School im Settlement, die nach dem britischen Schulsystem vorging. Der Unterricht wurde in Englisch abgehalten, die zweite Sprache war Französisch. Hebräisch und Religion waren als ein Fach kombiniert. Diese Schule war die einzige jüdische Schule in Shanghai. Aufgrund der vielen jüdischen Flüchtlinge war sie bald überlaufen. Später wurde eine zweite in Hongkew gegründet. In diesem Teil der Stadt lebten die meisten Flüchtlinge, weil die Mieten dort sehr niedrig waren.

Eveline konnte nun den Namen Evelyn tragen. In Deutschland war nicht erlaubt gewesen, einem Kind einen Vornamen zu geben, der nicht Deutsch ist. Zu dieser Zeit war sie 8 Jahre alt. Ihre Eltern stellten in ihrer Wohnung ein paar Bedienstete ein und unterwiesen sie, wie man europäisch und kosher kocht. Sie planten, nicht für immer in Shanghai zu bleiben. Es war eine Übergangslösung, um vor den Nazis sicher zu sein. Die Eltern beantragten aus diesem Grund ein Visum für die USA.

Die Gesundheit von Evelyns Vater verschlechterte sich zusehends. Er hatte Probleme mit seinem Magen aufgrund des verdorbenen Essens von Buchenwald. Er bekam Fieber und hatte eine Gaumeninfektion. Schließlich starb er im März 1941 im Alter von 43 Jahren. Die Todesursache war Lungenembolie, wobei nie herausgefunden wurde, ob die Ursache nie entdeckte innere Verletzungen aus dem 1. Weltkrieg, sein Aufenthalt im Konzentrationslager oder eine tropische Krankheit wie Malaria gewesen war. Die Großmutter, die sich mittlerweile auch in Shanghai befand, kam nie über den Verlust ihres Sohnes hinweg.

Mittlerweile war Hitler in Polen einmarschiert. Der Seeweg nach China wurde gesperrt. China war nur noch am Landweg über Russland erreichbar. Die Deutschen drangen bis Russland vor. Die Japaner sprengten zwei Schiffe im Hafen Shanghais in die Luft, die ihnen im Weg standen. Ein Weltkrieg war ausgebrochen, der sich über Europa, Asien und Afrika erstreckte. Japan übernahm die Macht in China. Japanisch stand nun in den Schulen am Stundenplan. Die Japaner teilten Essenskupons aus, mit denen festgelegt wurde, welche Ration man in einem Monat an Nahrungsmitteln bekommt. Man durfte keine fremde Währung oder Goldbarren besitzen. Die Post nach Übersee durfte aus maximal 50 Worten bestehen. Evelyns Mutter steckte in einer finanziellen Krise und vermietete ein paar Räume ihrer Wohnung. Die Großmutter hielt sie in einem Altersheim für am besten aufgehoben. Im Frühling 1942 hörte man im Radio und in den Zeitungen nur von deutschen und japanischen Siegen. Die Deutschen hatten sich mit den Japanern verbündet, so waren die Nachrichten manipuliert und zensuriert. Die Warnung wurde laut, dass Shanghai von den Amerikanern bombardiert werden könnte. Im Februar 1943 starb Evelyns Großmutter.

Die Japaner verkündeten, dass alle Fremden, die nach 1937 nach China gekommen wären, nun keine gültigen Pässe mehr hätten. So waren Evelyn und ihre Mutter vom einen Tag auf den anderen staatenlos. Ihnen wurde aufgezwungen, in den Stadtteil Hongkew zu ziehen, in dem bereits über 100.000 Menschen lebten. Hongkew könnte man als „Ghetto" bezeichnen. Evelyns Mutter beschloss, zusammen mit ein paar Bekannten in diesem Stadtteil ein chinesisches Haus zu kaufen.

3 Hongkew (1943-1945)

Nachdem Evelyn nun in einem anderen Teil Shanghais wohnte, aber dieselbe Schule besuchte, brauchte sie 1-3 Stunden, um zur Schule zu gelangen. Die meisten Eltern, so berichtet die Autorin, hätten Angst gehabt, ihre Kinder zu Kriegszeiten allein so weit fort in die Schule zu schicken und meldeten sie in der jüdischen Schule in Hongkew an. Evelyn wollte das nicht, da in ihrer Schule die meisten ihrer Freunde waren.

Die Ghetto-Ausgänge wurden streng bewacht. Wollte man es verlassen, brauchte man einen bestimmten Pass, den es auf einem dafür eingerichteten Amt gab. Konnte jemand den Pass nicht auf Verlangen vorweisen, konnte die Person im Gefängnis landen. Um 18 Uhr musste man wieder im Ghetto sein. Diese Pässe waren nicht leicht zu bekommen. Schüler hatten meist Vorrang, jedoch nutzten auch hier die Japaner in vollen Zügen ihre Autorität aus:

„Many had a very hard time getting a pass. People were told to come back, time and time again, and even then they would not get a pass for the area that they wanted. If a man was tall, and Ghoya was in a bad mood, he could count on getting slapped" (S. 124).

Immer häufiger kam es zu Luftangriffen von amerikanischen Fliegern. Die Armut in der Stadt wurde immer größer. Infektionen und Unterernährung kursierten. Zur Jahreszeit des Taifuns waren die Straßen überflutet. Zu Beginn von 1944 bekam die Jüdische Gemeinde Spenden aus Amerika, was ein kleiner Lichtblick war, jedoch wurden die Juden in Shanghai erneut zu Sündenböcken. Chinesische Jugendliche belästigten Evelyn und ihre Freundinnen und warfen Steine nach ihnen.

Im April 1945 kam die Neuigkeit, dass Nazi-Deutschland kapituliert hätte. Erst jetzt erfuhr man die ganze Wahrheit darüber, was mit den Juden in Europa geschehen war. Niemand wusste, wie es in Shanghai weitergehen würde. Evelyn erlebte, wie das Ghetto von den Amerikanern bombardiert wurde. Es fielen Bomben auf Hiroshima und Nagasaki in Japan. Am 3. September wurde Shanghai offiziell der chinesischen Republik zurückgegeben.

4 Befreiung (1945-1947)

Das Ghetto wurde geöffnet. Feiern wurden organisiert und eine Parade veranstaltet. Mit der Befreiung von der japanischen Herrschaft herrschte in der Folgezeit das Chaos. Rowdys attackierten Fremde wie nie zuvor. Die US-Navy war in den Hafen gekommen und die Männer fielen über die Frauen her. Bald konnte der Schulbetrieb wieder aufgenommen werden. Es hieß, Einwanderer sollten Shanghai möglichst schnell verlassen, da bald die Kommunisten die Regierung übernehmen würden.

Im Sommer 1946 erhielten Evelyn und ihre Mutter die Möglichkeit, nach Amerika auszuwandern. Eine dort lebende Verwandte organisierte die dazu notwendigen Papiere. Schließlich bekamen sie ihre Visa und konnten mit dem Schiff China verlassen. Als sie in den USA ankamen, war die Freude groß, es nach so langer Zeit nach Amerika geschafft zu haben. Gleichzeitig trauerten sie um Vater und Großmutter, die in Shanghai gestorben waren und all jene, die ihr vorzeitiges Ende durch Hitler gefunden hatten.

5 Ein Traum wurde wahr (1947-1951)

Evelyn und ihre Mutter kamen in San Francisco an. Zuerst fuhren sie nach Lakewood und New York, um ein paar Verwandte wiederzusehen. Evelyns Mutter amerikanisierte ihren Nachnamen von Popielarz zu Portan. Bald erfuhr Evelyn den Hass der amerikanischen Juden osteuropäischen Ursprungs gegenüber deutschen Juden:

„The minute she heard that we were from Germany, she started screaming at us that German Jews were the vilest creatures on earth, that they came to New York in the thirties with their fine furniture and went into business, while Americans, especially American Jews were starving. Hitler was probably right, she ranted, and they deserved what they got. I stared, dumbfounded. A Jew saying that about other Jews - Jewish anti-Semitism?" (S. 163).

Sie lebten ca. ein Jahr in Washington. Evelyn wollte ihren Schulabschluss nachmachen, schmiss die Schule jedoch nach einem Semester, weil ihr das Lernen des amerikanischen Englisch zu sehr an den Nerven zehrte. Den Abschluss machte sie erst 25 Jahre später. Evelyn belegte einen Sekretärinnen-Kurs und hatte in der Nachfolgezeit recht gut bezahlte Jobs. Auch ihre Mutter fand immer wieder passende Arbeiten, egal ob in einer Fabrik für Fotoapparate oder als Vorarbeiterin in einer Puderquastenfabrik. Bald zogen sie nach New York.

Evelyn verbesserte sich beruflich immer weiter und besuchte einen Abendkurs am City College of New York's School of Journalism, da sie in die Werbebranche wollte. Am Abbey Institute lernte sie Harold Pike kennen, mit dem sie sich an ihrem 20. Geburtstag verlobte. Harold ging nach Genf, um Medizin zu studieren. Nach einem Semester wollte er zurückkommen, um Evelyn zu heiraten. Als Ehepaar wollten sie für die Zeit seines Studiums in Europa leben. Evelyns Mutter war dagegen, weil sie zum einen keine guten Erinnerungen an Europa hatte und zum zweiten, weil sie dann allein wäre. Anfangs war Harolds Mutter gegen Evelyn. Sie unterstellte ihr, sie wäre hinter dem Geld ihres Sohnes her, da er in fünf Jahren Arzt sein würde.

Als im Juni 1950 der Koreakrieg begann, sprachen alle vom 3. Weltkrieg. Die USA griff zur Verteidigung Südkoreas ein. So entschlossen sich Evelyn und Harold, gegen den Willen der Eltern, vor ihrer Abreise in Anwesenheit eines Richters zu heiraten. Als Verlobte eines amerikanischen Staatsbürgers musste man drei Jahre im Land sein, um die amerikanische Staatsbürgerschaft beantragen zu können. Als Amerikanerin hätte es Evelyn in vielen Belangen leichter. Nachdem sie zu diesem Zeitpunkt bereits drei Jahre in Amerika war, übernahm sie die amerikanische Staatsbürgerschaft und fuhr mit dem Schiff nach Europa.

6 Hiatus - Lücke, Spalt, Kluft (1951-1975)

In Europa angekommen, hielten sich Evelyn und Harold in Paris auf, die Stadt, in die ein Onkel einst emigriert war. Dieser hatte als Jude den Krieg nicht überlebt. Danach machten sie einen Abstecher nach Wien, wo Evelyns Eltern auf Hochzeitsreise gewesen waren. Nach Erlangung einer Arbeitsbewilligung bekam Evelyn einen Job als Sekretärin. Sie musste deutsche Zeitungsartikel abtippen und sich um die englische Korrespondenz kümmern. Im Mai 1952 fuhr sie für ein paar Monate nach Amerika zu Mutter und Schwiegereltern. Mit Harold lebte sie in Genf.

Sie beschreibt es als merkwürdiges Gefühl, als sie zum ersten Mal nach langer Zeit wieder einem Deutschen - ihrem Chef - gegenüberstand. Sie fragte sich, ob er im Krieg ebenfalls an der Judenvernichtung beteiligt gewesen wäre. Anhand einer Aussage, die eine Assistentin im Büro tätigte, bemerkte Evelyn, dass der Nazismus mit dem Fall Deutschlands nicht geendet hatte:

„She mentioned that she had been in the Hitlerjugend, and then remarked that it was all propaganda about six million Jews being murdered by the Nazis. 'Impossible,' she declared. 'Maybe a few thousand died in the camps, but many more good Germans lost their lives during the American bombardments.' ... I told her flatly that, in my family alone, eighty relatives had perished. She looked astounded and never brought up the subject again" (S. 181).

Von 1955 bis 1962 brachte Evelyn vier Kinder zur Welt: Marilyn May (1955), Sheldon Bruce (1958), Doreen Belinda (1961) und Sheryl Pauline (1962). 1958 kauften Evelyn und Harold ihr Traumhaus in Jericho (Long Island). Harold wurde Psychiater und öffnete eine Praxis. 1964 wurde für Evelyn eine Überraschungsfeier veranstaltet, an der auch zahlreiche frühere jüdische Emigranten aus Shanghai teilnahmen.

7 Nachwirkungen

1975 verließ Harold Evelyn nach 24 Jahren Ehe. Sie schreibt, dass er sich rapide verändert hätte, seit er eine Doktorprüfung nicht geschafft hatte. Harold überschrieb seine Hälfte des Hauses an seine neue Frau. Laut Gesetz durfte Evelyn so lange darin wohnen, bis ihr jüngstes Kind 18 Jahre alt geworden ist. Ihre Mutter war alt und pflegebedürftig geworden, besonders nach einem Ellenbogenbruch. Im November 1983 verlobte sich Evelyn mit Leonard Rubin, einem Buchhalter, der im Koreakrieg gekämpft hatte. Sie heirateten 1984. Leonard brachte eine Tochter, Debra, mit in die Ehe. 1985 starb Evelyns Mutter im Alter von 93 Jahren. Sehr zu Herzen gehend sind ihre letzten Worte:

„...'but I want to tell you how happy you've all made me today. And you, Evelyn, have been a wonderful daughter to me. What you've done has been more than I ever thought you'd be able to, and you've had such a difficult time. You and I

are survivors. When you get your book published, our story must also include your own struggles and the happy ending. Maybe I've never told you how much I appreciate having a daughter like you. But I want to tell you now" (S. 198f.).

LITERATUR

PIKE RUBIN, Evelyn: GHETTO SHANGHAI. Shengold Publishers, Inc., New York 2000.

Zeitfracht Medien GmbH
Ferdinand-Jühlke-Straße 7
99095 Erfurt, Deutschland
produktsicherheit@kolibri360.de